***ACCESO GRATIS** a la Lectura en la Nube*

Para visualizar el libro electrónico en la nube de lectura envíe junto a su nombre y apellidos una fotografía del código de barras situado en la contraportada del libro y otra del ticket de compra a la dirección:

ebooktirant@tirant.com

En un máximo de 72 horas laborales le enviaremos el código de acceso con sus instrucciones.

DESAFÍOS DE LA JUSTICIA PENAL EN MÉXICO

DESAFÍOS DE LA JUSTICIA PENAL EN MÉXICO

Coordinador
Rafael Santacruz Lima

tirant lo blanch
Mexico, 2025

© TIRANT LO BLANCH
DISTRIBUYE: TIRANT LO BLANCH MÉXICO
Av. Tamaulipas 150, Oficina 502
Hipódromo, Cuauhtémoc, CP 06100, Ciudad de México
Telf: +52 1 55 65502317
infomex@tirant.com
www.tirant.com/mex/
www.tirant.es
ISBN: 979-13-7010-336-1

Si tiene alguna queja o sugerencia, envíenos un mail a: atencioncliente@tirant.com. En caso de no ser atendida su sugerencia, por favor, lea en *www.tirant.net/index.php/empresa/politicas-de-empresa* nuestro procedimiento de quejas.

Responsabilidad Social Corporativa: http://www.tirant.net/Docs/RSCTirant.pdf

Centeno 162-1, Col. Granjas Esmeralda C.P. 09810 Ciudad de México

Índice

Introducción

La justicia penal en México enfrenta desafíos significativos que dificultan la realización de una justicia efectiva y eficiente. Uno de los principales problemas es la falta de confianza en las instituciones del Estado. La corrupción, la impunidad y la falta de transparencia han provocado que muchos mexicanos pierdan la fe en la capacidad del Estado para impartir justicia.

Un desafío significativo es la sobrepoblación en las cárceles. México presenta una de las tasas de encarcelamiento más elevadas a nivel mundial, lo que ha resultado en prisiones abarrotadas y violentas. Este problema no solo afecta los derechos humanos, sino que también dificulta la rehabilitación de los reclusos y su preparación para reintegrarse a la sociedad.

La justicia penal en México enfrenta también retos en cuanto a su eficiencia y eficacia, de tal manera, que los procesos judiciales suelen ser lentos y burocráticos, lo que puede resultar en demoras de años en los casos. Esto no solo afecta a las víctimas y sus familias, sino que también puede ocasionar que los acusados sean absueltos o reciban penas más leves de lo que realmente merecen.

Sin embargo, no todo es negativo, es decir, en los últimos años, se han llevado a cabo reformas significativas para mejorar la justicia penal en México, es decir, la reforma constitucional de 2008, por ejemplo, introdujo el sistema de justicia penal acusatorio, que pone énfasis en la protección de los derechos humanos y la transparencia en el proceso penal.

Aun así, queda mucho por hacer; es fundamental que continuemos trabajando para fortalecer la confianza en las instituciones del Estado, reducir la sobrepoblación en las cárceles y mejorar la eficiencia y eficacia de los procesos judiciales, es por ello que, la docencia y el ámbito educativo cobra un rol importante para lograr salir de esos desafíos.

En conclusión, la justicia penal en México enfrenta retos significativos, pero también presenta oportunidades para su mejora, por lo tanto, la presente obra permitirá contribuir a la ciencia jurídica para que continuemos colaborando y desarrollar un sistema de justicia penal que sea equitativo, eficaz y que respete los derechos humanos.

Dr. Rafael Santacruz Lima

Profesor investigador de Tiempo Completo en la Facultad de Derecho de la Universidad Autónoma del Estado de México,

Miembro del Sistema Nacional de Investigadores (Nivel 1).

Capítulo 1.

EL GARANTISMO Y EL DERECHO PENAL DEL ENEMIGO, UNA VISIÓN CONTRADICTORIA EN LA POLÍTICA CRIMINAL DE MÉXICO Y COLOMBIA.

DR. CARLOS ALBERTO MACEDONIO HERNÁNDEZ[1]

I. INTRODUCCIÓN

En los últimos años, Latinoamérica ha sufrido un incremento de la criminalidad como consecuencia en algunos casos de los efectos del fenómeno denominado "globalización", esto debido al incremento de la tecnología, que trae aparejada los fraudes cibernéticos, el terrorismo, la delincuencia organizada que a su vez produce ejecuciones, secuestros, torturas y lavado de dinero, aunado a los homicidios por grupos delictivos en asaltos, o los delitos comunes que siempre han existido en toda sociedad, homicidios, violaciones sexuales entre otros.

Lo anterior, ha tenido como consecuencia la búsqueda de una política criminal que encuentre la forma adecuada de sancionar y prevenir los delitos, prueba de ello han sido las

---

1 Especialista y Maestro en Derecho Penal, Doctor en Derecho, miembro del Sistema Nacional de Investigadores nivel I, Profesor de Carrera Titular "C" de la Facultad de Derecho de la Universidad Autónoma de Yucatán.

múltiples acciones policíacas, inclusive militares para prevenir aquellas conductas delictivas que amenazan a la sociedad, delincuentes que rebasan a las policías y que sólo se puede evitar con la represión militar. Pero, entre las medidas que los Estados han tomado, se encuentran las reformas legislativas, que por compromisos de justicia o con la finalidad de disminuir la población carcelaria, han obligado a reformar las Constituciones de sus países para modificar el sistema de justicia penal, entre los países que han realizado estas reformas se encuentran Colombia y México, que modificaron su sistema de justicia procesal de un denominado inquisitivo a otro de corte acusatorio y predominantemente oral.

No obstante la modificación a los ordenamientos legales, se presenta en la realidad la oportunidad histórica de estudiar y analizar si la referidas reformas podrían tener la eficacia que exigen las sociedades, ante esto nos encontramos inmersos en dos pensamientos teóricos relacionados con la política criminal de los Estados: el de Luigi Ferrajoli y la de Günter Jakobs, el primero hablando de una garantismo penal y el segundo, de una derecho penal del enemigo para contrarrestar la delincuencia, uno hablando de la humanización del proceso penal, otro para castigar a quien infringe la norma para que se mantenga la vigencia de la misma, ¿qué papel desempeñan éstas teorías dentro del orden normativo y hasta qué punto, pueden dar soluciones a la problemática de los delitos más graves?. ¿En realidad pueden coexistir estas teorías en un verdadero Estado de Derecho?, esas preguntas deben ser analizadas desde un descripción normativa y conceptual para llegar a conclusiones adecuadas a las posturas de dos países que han sido víctimas de la delincuencia organizadas y que en el caso mexicano subsiste hoy día.

II. DISEÑO METODOLÓGICO.

La metodología utilizada en el presente artículo es de carácter deductivo porque se realiza un estudio general sobre el marco normativo de los países de México y Colombia respecto al garantismo penal y al derecho penal de excepción, realizando en este punto, el uso del método comparativo, a través del cual se compara la normatividad, así como las teorías del Garantismo penal y el derecho Penal del Enemigo a través de la fuentes primarias o secundarias para entender estas y como tienen aplicación en la política criminal de ambos países.

III. MARCO NORMATIVO DE MÉXICO Y COLOMBIA RESPECTO AL SISTEMA PENAL ACUSATORIO

En un mundo globalizado, los delitos pueden cometerse a distancia, pues la tecnología y las acciones humanas ha permitido que la planeación delictiva comience en un país y su resultado se produzca en otro, esto se ha convertido en alianzas de grupos delictivos, siendo necesario aclarar, que la delincuencia de un país no se produce sólo de esa manera, pues en una sociedad donde no existe un desarrollo económico adecuado, la falta de valores en la familia y una deficiente política criminal entre otras causas producen otro tipo de delitos graves que atentan contra la sociedad en general.

¿Qué hacer cuando existe una aparente antinomia[2] que determina una forma legal de resolver el conflicto?, ¿qué acontece cuando existe una excepción normativa?, entonces nos volvemos a preguntar ¿La pena que imponga un Estado será la única forma de resolver el delito? ¿Deben prevenirse los delitos antes que pensar en la pena como una retribución al

---

2 Una antinomia sería una contradicción normativa.

delincuente? ¿es factible y necesario evitar la delincuencia organizada mediante teorías opuestas sacrificando los derechos humanos?

Continuando con nuestras preguntas, nos formularíamos las siguientes: ¿Qué tratamiento debe dársele a quien cometió un delito?, ¿Debemos aplicarle todo el poder del Estado?, ¿Debemos prevenir el delito antes que sancionarlo?, se hacen las siguientes interrogantes, tomando como parámetro, los problemas delictivos que existen en diferentes países, pero para efecto del presente estudio, sólo abarcaremos a Colombia y México, que han tenido como factor principal, el narcotráfico que de manera organizada y durante más de cuatro décadas se ha realizado.

México, modificó en el 2008 su Constitución Política para establecer un sistema de justicia penal de corte acusatorio de acuerdo con los artículos transitorios hasta 2016, que fue el plazo otorgado para que las entidades federativas pudieran modificar el proceso penal. Colombia por su parte, implemento años antes en su Constitución Política el proceso penal acusatorio. Ambos países tenían el problema del narcotráfico que a su vez conlleva a su vez la existencia de otros delitos que cada vez se incrementaron a saber: las ejecuciones por control de las regiones, secuestros, una guerra encarnizada entre los diferentes cárteles y en contra de las Instituciones policíacas y militares. Colombia además tuvo un problema de guerrilleros.

El caso es que los países se encontraron con la obligación de respetar los derechos humanos a través de un debido proceso, presunción de inocencia, la reinserción social, en pocas palabras, el respeto a las garantías de cualquier ciudadano, pero, por otro lado, se encontraron con la oposición firme de la delincuencia organizada, cuyo tratamiento se consideró una excepción para combatirlo de esa manera, aunque es obvio, que las Constituciones de México y Colombia no contemplaron los mismos aspectos referidos a una política criminal acorde a los hechos que acontecieron y de hecho persisten sobre todo en México.

LA REFORMA CONSTITUCIONAL MEXICANA

El día 6 de marzo del 2008, se reformaron los artículos 16, 17,18, 19, 20, 21. 22, 73, 115 y 123 de la Constitución Política de los Estados Unidos Mexicanos, si bien, todos los artículos fueron de importancia, llama la atención lo referente al sistema de justicia penal, en primer lugar, resumiremos en primer lugar, el artículo que se ha denominado como de fundamentación y motivación que señala[3]:

Artículo 16.- Nadie puede ser molestado en su persona, familia, domicilio, papeles o posesiones, sino en virtud......La autoridad judicial, a petición del Ministerio Público **y tratándose de delitos de delincuencia organizada[4]**, podrá decretar el arraigo de una persona, con las modalidades de lugar y tiempo que la ley señale, sin que pueda exceder de cuarenta días, siempre que sea necesario para el éxito de la investigación, la protección de personas o bienes jurídicos, o cuando exista riesgo fundado de que el inculpado se sustraiga a la acción de la justicia. Este plazo podrá prorrogarse, siempre y cuando el Ministerio Público acredite que subsisten las causas que le dieron origen. En todo caso, la duración total del arraigo no podrá exceder los ochenta días.

En el artículo 18 constitucional, también se observa una diferenciación en cuanto a los delincuentes, pues el citado pre-

---

3 Véase la Constitución Política de los Estados Unidos Mexicanos.

4 Por delincuencia organizada se entiende una organización de hecho de tres o más personas, para cometer delitos en forma permanente o reiterada, es decir que tienen una estructura para la comisión de delitos.

cepto constitucional señala: Sólo por delito que merezca pena privativa de libertad habrá lugar a prisión preventiva. El sitio de ésta será distinto del que se destinare para la extinción de las penas y estarán completamente separados....Para la reclusión preventiva y la ejecución de sentencias en materia de delincuencia organizada se destinarán centros especiales. Las autoridades competentes podrán restringir las comunicaciones de los inculpados y sentenciados por delincuencia organizada con terceros, salvo el acceso a su defensor, e imponer medidas de vigilancia especial a quienes se encuentren internos en estos establecimientos. Lo anterior podrá aplicarse a otros internos que requieran medidas especiales de seguridad, en términos de la ley.

Por su parte, el artículo 19 constitucional en su parte conducente nos indica: Ninguna detención ante autoridad judicial podrá exceder del plazo de setenta y dos horas, a partir de que el indiciado sea puesto a su disposición, sin que se justifique con un auto de vinculación a proceso en el que se expresará: el delito que se impute al acusado.....El Ministerio Público sólo podrá solicitar al juez la prisión preventiva cuando otras medidas cautelares no sean suficientes para garantizar la comparecencia del imputado en el juicio, el desarrollo de la investigación, la protección de la víctima, de los testigos o de la comunidad, así como cuando el imputado esté siendo procesado o haya sido sentenciado previamente por la comisión de un delito doloso. El juez ordenará la prisión preventiva, oficiosamente, en los casos de **delincuencia organizada, homicidio doloso, violación, secuestro, delitos cometidos con medios violentos como armas y explosivos, así como delitos graves que determine la ley en contra de la seguridad de la nación, el libre desarrollo de la personalidad y de la salud....** La ley establecerá beneficios a favor del inculpado, procesado o sentenciado que preste ayuda eficaz para la investigación y persecución de delitos en materia de delincuencia organizada;

En estos artículos se observa desde luego un tratamiento diferente para dos tipos de personas, delincuentes comunes y delincuentes organizados para delinquir que ponen al Estado en una situación de emergencia, pues representan un peligro para la sociedad, aun cuando no cometan delitos de resultado.

Cabe señalar, que, el 10 de junio del año 2011, se reformó el artículo 1° de la Constitución Política de los Estados Unidos Mexicano y se reconocieron los derechos humanos, cuando se estableció que en los Estados Unidos Mexicanos todas las personas gozarán **de los derechos humanos reconocidos en esta Constitución** y en los tratados internacionales de los que el Estado Mexicano sea parte, así como de las garantías para su protección, cuyo ejercicio no podrá restringirse ni suspenderse, salvo en los casos y bajo las condiciones que esta Constitución establece. Las normas relativas a los derechos humanos se interpretarán de conformidad con esta Constitución y con los tratados internacionales de la materia favoreciendo en todo tiempo a las personas la protección más amplia.

Todas las autoridades, en el ámbito de sus competencias, tienen la obligación de promover, respetar, proteger y garantizar los derechos humanos de conformidad con los principios de universalidad, interdependencia, indivisibilidad y progresividad. En consecuencia, el Estado deberá prevenir, investigar, sancionar y reparar las violaciones a los derechos humanos, en los términos que establezca la ley.

También quedó prohibida toda discriminación motivada por origen étnico o nacional, el género, la edad, las discapacidades, la condición social, las condiciones de salud, la religión, las opiniones, las preferencias sexuales, el estado civil o **cualquier otra que atente contra la dignidad humana** y tenga por objeto anular o menoscabar los derechos y libertades de las personas.

Lo contradictorio, es que si bien en el 2008, México reformó la Constitución, sustituyendo el sistema de justicia penal, pero estableciendo una derecho penal de excepción, como lo es el derecho Penal de Enemigo que constituye el pensamiento del Doctor Jakobs, en donde se observa una disminución de los derechos de los imputados por delincuencia organizada y otros delitos considerados como graves, por otro lado, la reforma del 2011, incorpora los derechos humanos reconocidos en los Tratados Internacionales, inclusive prohíbe la no discriminación y cualquier otro trato que atente contra la dignidad humana, en este sentido, el derecho penal de excepción desde luego, es una forma de discriminación para las personas procesadas o investigadas por los delitos de delincuencia organizada, lo cual viola el principio de presunción de inocencia señalada en la Convención Americana de los Derechos Humanos. Además de que en la referida constitucional se establecen algunos rasgos del garantismo penal de Ferrajoli.

EL SISTEMA DE JUSTICIA PENAL EN COLOMBIA

Por su parte, el país de Colombia en la ley 906 del 31 de agosto de 2004[5], cuya vigencia entró en vigor el 1° de enero del 2005, implementó el Sistema Acusatorio, mismo que tiene su fundamento constitucional en los artículos 29 y 250[6]. En el primero se contempla el derecho de todo ciudadano a un proceso "público sin dilaciones injustificadas, así como a presentar pruebas y a controvertir las que allegue en su contra", en el artículo 250, por su parte, se establece que "La fiscalía general de la Nación está obligada a adelantar el ejercicio de la acción penal y realizar la investigación de los hechos que revistan las denuncias o querellas...". Tanto la norma fundamental como

---

5 Ley 906 del 2004 de Colombia. https://www.oas.org>mesicic2_col_Ley_906_2004.

6 Constitución Política de la República de Colombia. https://wwww.secretariassenado.gov.co.

la citada ley 906, establecieron los principios rectores que consagran los derechos humanos reconocidos en los tratados internacionales, de esta manera, aquella lucha que tuvo el país latinoamericano respecto a la delincuencia organizada y a los delitos de alto impacto, ya no se señalan, sino que prevale en su aspecto un sistema garantista.

No obstante, lo anterior, debe decirse que existe en la Constitución Política de Colombia un capítulo respecto al Estado de Excepción, el cual puede definirse como aquellas situaciones que impiden el desarrollo normal de la sociedad poniendo en peligro los derechos, libertades y garantías de establecidas en la Constitución, por lo cual deben restringirse éstas para proteger bienes de mayor valor.

Los Estados de Excepción previstos en los artículos 212, 213, 214 y 215 de la Constitución Política de la República de Colombia de 1991, se pueden resumir en casos de Guerra para defender la soberanía, cuya duración depende de la misma.

De igual manera, tratándose de Guerras internas o grave conmoción, ésta se considera como un Estado de Excepción, al igual que las emergencias que causen una grave alteración al orden público o peligro para la seguridad de la Nación y en casos de catástrofes, como por ejemplo la pandemia del Covid-19 que restringió la libertad de desplazamiento o reunión. Salvo esas excepciones, a partir de la Constitución de 1991, Colombia no contempla en nuestra opinión un derecho penal de excepción como si lo establece en la actualidad la Constitución Política de los Estados Unidos Mexicanos.

¿PERO QUÉ ES EL GARANTISMO PENAL?

Para la Doctora Marina Gascón Abellán (2005) garantismo significa: "Garantizar significa afianzar, asegurar, proteger, defender, tutelar algo, y cuando en la cultura jurídica se habla de garantismo ese algo que se tutela son los derechos o bienes fundamentales. Podría decirse, pues como una primera aproximación, que un derecho garantista establece instrumentos para la defensa de los derechos de los individuos frente a su eventual agresión por parte de otros individuos y (sobre todo) por parte del poder estatal" (p. 21).

La anterior definición nos aproxima en cierta medida al pensamiento de Luigi Ferrajoli (2005), quien para abordar el significado de garantismo parte de la idea de que aun cuando ha existido un modelo penal garantista en las legislaciones, esto sólo ha significado una fachada, pues la práctica de ese derecho ha sido nula, en la realidad social no hay eficacia de las normas jurídicas, de tal forma, es posible distinguir tres acepciones de la palabra "garantismo".

Ferrajoli (2005) señala: en una primera acepción, garantismo designa un modelo normativo de derecho, fundamentado en el modelo de estricta legalidad, que en un plano epistemológico se caracteriza como un sistema cognoscitivo o de poder mínimo. En una segunda acepción la palabra "garantismo" designa una teoría jurídica de la validez y de la efectividad como categorías distintas no sólo entre sí, sino también respecto de la existencia o vigencia de las normas. En una tercera acepción, garantismo designa una filosofía política que impone al derecho y al estado la carga de la justificación externa conforme a los bienes y a los intereses cuya tutela y garantía constituye precisamente la finalidad de ambos. En este último sentido el garantismo presupone la doctrina laica de la separación entre el derecho y la moral, entre validez y justicia, entre punto de vista interno y externo en la valoración del ordenamiento, es decir, entre ser y deber ser del derecho (pp.851-852).

En realidad, para Ferrajoli (2006) la teoría garantista lleva a cabo un análisis del lenguaje normativo dentro del universo del discurso de la dogmática jurídica y la teoría del derecho, formulando términos, definiciones y teoremas a la cual denomina: Teoría axiomatizada del derecho sobre la cual reposa precisamente el garantismo.[7]

Ferrajoli propone un esquema dinámico basado en la constitución como fuente, no solo de determinaciones normativas o formales, sino sustanciales, defiende un cambio de paradigma que supone salir de un modelo de constitucionalismo rígido, por el llamado modelo garantista de democracia constitucional. Sostiene que el viejo Estado legislativo de derecho, representado por el primado del principio de legalidad y la ley en su sentido formal, debe dar paso a un estado Constitucional de Derecho, en el que el juego de la validez formal y sustancial es una nota diferenciadora de ambos modelos. En el primer caso, el rol de la ciencia jurídica sostendrá sólo un análisis explicativo de su objeto, mientras que, en el segundo, la ciencia defenderá un rol crítico.

Afirma Ferrajoli (2005), que "el paradigma del Estado constitucional de derecho no es otra cosa que esta doble sujeción del derecho al derecho, que afecta a ambas dimensiones de todo fenómeno normativo: la vigencia y la validez, la forma y la sustancia, los signos y los significados, la legitimación formal y la legitimación sustancial. Para el maestro, los derechos fundamentales son indisponibles y no pueden ser modificados por decisiones "mayoritarias" o del juego del libre mercado. Los derechos fundamentales son el horizonte jurídico y político de la democracia.

Las ideas anteriores se vinculan con el derecho penal, aunque en realidad, el garantismo como teoría puede aplicarse en cualquier área del derecho; sin embargo, Ferrajoli le otorga mayor énfasis al derecho punitivo.

Se puede señalar que el modelo garantista de Ferrajoli (2005) establece diez condiciones o requisitos entendidos

---

[7] A esto le llama Ferrajoli Expectativas y garantías.

como límites o prohibiciones que se identifican como garantías del ciudadano contra el arbitrio o el error penal; según este modelo, no se debe admitir la imposición de una pena sin que existe un delito previsto en un tipo penal, que se prevea en la misma su prohibición y los daños que causa, la imputabilidad y culpabilidad del autor de este [8].

Para Diez Ripollés (2003) la teoría garantista de Ferrajoli trata de introducir junto a las exigencias formales, nuevas exigencias materiales que permitan conciliar el principio preventivo-general de protección de la sociedad mediante la disuasión de los delincuentes, con los principios de proporcionalidad y humanidad, por un lado, y de resocialización, por otro. Para el garantismo el derecho penal, si bien ha fracasado en la mayoría de los fines que le han sido asignados, todavía puede servir para cumplir un fin primordial: la minimización de la violencia en la sociedad, previniendo mediante su parte prohibitiva la razón de la fuerza manifestada en las venganzas o en otras posibles reacciones informales.

En base a lo anterior, en el garantismo penal se minimiza la pena porque frente a la existencia del delito, la acción del Estado es retribución y lo importante es minimizar la violencia en todos los aspectos, del individuo y del Estado mismo, por eso se deben proteger y garantizar los derechos de cualquier ciudadano, haciendo de esta forma un derecho penal más humanitario.

Diez Ripollés (2003) señala que el garantismo propone un modelo de derecho penal autolimitado en virtud de tres ideas fundamentales: 1.- Su humanización, basada en la consideración de que la pena es un mal; 2.- Su configuración como un

---

[8] Estos requisitos en realidad puede decirse que son principios que garantizan un debido proceso, una defensa adecuada y una sanción para quien es verdaderamente culpable de un delito.

derecho penal mínimo porque la pena debe reinsertar al ciudadano a la sociedad y 3.- Su desconexión de las exigencias éticas, que lleva a que sus contenidos se prevean en función de las necesidades sociales históricamente condicionadas de mantenimiento del orden social y de las vigentes concepciones sociales de los bienes a proteger y el sistema de responsabilidad a respetar.

El mismo Diez Ripollés (2003), sintetiza diciendo que: la teoría del garantismo penal trata de introducir, junto a las exigencias formales, nuevas exigencias materiales que permitan conciliar el principio preventivo-general de protección de la sociedad mediante la disuasión de los delincuentes, con los principios de proporcionalidad y humanidad, por un lado y de resocialización, por otro.

La aportación del garantismo al constitucionalismo es que defiende un concepto de Modelo de Estado al servicio de los ciudadanos para proteger sus derechos fundamentales, buscando siempre el desequilibrio entre el deber ser y el ser del Derecho. El Estado entonces es un sistema previamente ordenado para la tutela de los derechos, en cual la legalidad no sólo es una condición, sino que también está condicionada por vínculos formales y sustanciales (Ferrajoli: 2005).

Por otro lado, para Núñez (2009) existe una vinculación entre la dignidad humana, que actualmente promueven las Constituciones contemporáneas y los Derechos Fundamentales, esto debido a que el concepto de dignidad, obra de la filosofía que destaca el valor intrínseco del ser humano y porque el constitucionalismo lo protege a través de garantías, sobre todo porque la dignidad es un derecho fundamental.

EL DERECHO PENAL DEL ENEMIGO

Entendido el garantismo de Luigi Ferrajoli como un modelo normativo que minimiza la violencia y maximiza la libertad, como una teoría crítica del Derecho que tiene como función la denuncia entre la divergencia entre el ser y el deber ser de los ordenamientos jurídico y por último, se alude a una filosofía del derecho por medio de la cual se le otorga al Estado y al Derecho el deber de justificar y garantizar los derechos del ser humano (Ferrajoli: 2006).

El lado opuesto del Garantismo es sin duda, el Derecho Penal del Enemigo, cuyo autor es Günther Jakobs (2003) quien establece una diferenciación entre Derecho penal del ciudadano y Derecho penal del enemigo, señalando que constituyen dos polos de un solo mundo o dos tendencias opuestas en un solo contexto jurídico penal. En el primer derecho se trata al autor de un delito como persona y en el segundo, se trata al sujeto como fuente de peligro o como medio para intimidar a otros, ya que implica una pacificación insuficiente o un comportamiento desarrollado en base a reglas, en lugar de una conducta espontánea e impulsiva.

El fundamento de Jakobs se puede decir que parte del pensamiento de Juan Jacobo Rousseau en su obra "El Contrato social" cuando señala: "que cualquier malhechor que ataque el derecho social deja de ser miembro del Estado, puesto que se halla en guerra con éste, como demuestra la pena pronunciada en contra del malhechor.[9]

Fichte señala de manera semejante: quien abandona el contrato ciudadano en un punto en el que en el contrato se contaba con su prudencia, sea de modo voluntario o por imprevisión, en sentido estricto pierde todos sus derechos como ciudadano y como ser humano, y pasa a un estado de ausencia completa de derechos.[10]

---

9 Citado por Jakobs en su obra Derecho Penal del enemigo.

10 Ídem.

De lo anterior se aprecia, que existen dos tipos de comportamientos delictivos, uno que si bien afecta bienes jurídicos, éstos son leves, esporádicos, y otro tipo de comportamientos permanentes, continuados que lesionan o ponen en peligros bienes jurídicos de vital importancia para la sociedad, de tal manera el Estado puede reaccionar de dos formas distintas según Jakobs, pueden ver en ellos personas que delinquen, personas que han cometido un error, o individuos a los que hay que impedir mediante coacción que destruyan el ordenamiento jurídico a los cuales Kant exige su separación, porque hay que protegerse de los enemigos[11].

Kant decía: "no se trata como persona a quien me amenaza constantemente, quien no se deja obligar a entrar a un estado ciudadano. De manera similar, Hobbes despersonaliza al reo de alta traición; pues también éste niega por principio la constitución existente. Por consiguiente, Hobbes y Kant conocen un derecho penal del ciudadano-contra personas que no delinquen de modo persistente, por principio y un derecho penal del enemigo contra quien se desvía por principio; este excluye, aquel deja incólume el *status* de persona (Jakobs:2006). El derecho penal del ciudadano es Derecho también en lo que se refiere al criminal, éste sigue siendo persona. Pero el Derecho penal del enemigo es Derecho en otro sentido (p:27).

El derecho penal del ciudadano es el derecho de todos, el derecho penal del enemigo es el que forman contra el enemigo, frente al enemigo, es sólo coacción física hasta llegar a la guerra. El derecho penal del ciudadano mantiene la vigencia de la norma, el derecho penal del enemigo combate peligros, con toda certeza existen múltiples formas intermedias.

Para Jakobs (2006) en el derecho penal el ciudadano tiene una función manifiesta la pena, en el caso del enemigo del Es-

---

11 Ibidem.

tado, implica que un sujeto se conduce de modo desviado y no ofrece garantía de un comportamiento personal; por ello, no puede ser tratado como ciudadano, sino debe ser combatido como enemigo. Esta guerra tiene lugar con un legítimo derecho de los ciudadanos, en su derecho a la seguridad; pero a diferencia de la pena, no es Derecho también respecto del que es penado; por el contrario, el enemigo es excluido.

Para Muñoz (2005) Este derecho penal de enemigo ha sido criticado por ser contrario a los principios liberales del Estado de Derecho reconocidos en las constituciones y declaraciones internacionales de derechos humanos. Constituye un derecho penal de excepción, derogador de los principios básicos del Derecho penal liberal clásico, pero sobre todo de los principios básicos del Derecho penal del Estado de Derecho, contenidos también en las declaraciones y convenios internacionales sobre derechos humanos.

El derecho penal del Enemigo debe entenderse entonces como una manifestación de Derecho que tiene como características una afectación a las garantías fundamentales, porque adelanta la punibilidad considerando al imputado como culpable sin tomar en cuenta la presunción de inocencia, derecho humano considera en la Convención Americana de los Derechos Humanos (Ríos: 2012).

De acuerdo con Jakobs, referido al derecho penal de enemigo, en casos de delincuencia organizada se trata de sujetos peligrosos, pero esto no significa que se cometan delitos de resultado, basta que puedan poner en peligro a la sociedad (Ríos: 2012).

IV. DISCUSIÓN Y RESULTADOS

En los casos de las Repúblicas de México y Colombia, es necesario determinar si en sus Constituciones se encuentran la teoría del garantismo y el derecho penal del enemigo aun cuando se contrapongan al ser diametralmente opuestas, porque o se otorgan garantías o se limitan con un objetivo claro, diferenciar a los ciudadanos de otro tipo de personas denominados enemigos.

En primer lugar, se observa que las reformas Constitucionales y Leyes ordinarias dieron lugar a un nuevo sistema de justicia penal en Colombia y México, se enfocan en una protección de los derechos humanos, en donde se observa el Garantismo Penal de Luigi Ferrajoli, pues la carta magna de ambos países se establece los principios de protección de los derechos humanos en los tratados internacionales en los que se reconocen estos y sobre todo la dignidad humana. En este párrafo se observa la opinión de Luigi Ferrajoli respecto a su teoría del garantismo, ya que el derecho penal debe ser la última ratio en la solución de conflictos, el derecho penal mínimo en su máxima expresión.

En segundo lugar, en lo relativo al Derecho Penal del Enemigo, en la Constitución Mexicana, se establece literalmente el derecho penal de excepción, porque existe un detrimento en los derechos humanos respecto de ciertas personas, hablando propiamente de la delincuencia organizada, a quien de manera oficiosa se le otorga la prisión preventiva, aun cuando debe prevalecer el principio de presunción de inocencia, lo que se encuentra dentro de las características del derecho penal del enemigo de Jakobs, que contradice la dignidad humana y el garantismo que debe prevalecer en un Estado Constitucional de Derecho de acuerdo con Ferrajoli. En otras palabras, para Jakobs, para los sujetos peligrosos, un derecho especial dada su peligrosidad hacia la sociedad, para Ferrajoli, un derecho penal humanitario con pleno respeto a los derechos fundamentales.

Pero en lo relativo a la Constitución Política de la República de Colombia, no existe la doctrina de Jakobs respecto a los enemigos del Estado, pues siguiendo a Wiliam J. Parra, debe contextualizarse la dimensión socio-jurídica de la situación de la sociedad colombiana con la teoría del riesgo y las características del derecho penal del enemigo, hasta entonces desconocido como una Política Criminal, sino que más bien, se debió a la crisis del Estado y del derecho y la política criminal emergente, derivada entre otros factores como la pobreza lo que originaron problemas como narcotráfico o la guerrilla (Parra: 2006).

Aunado a lo anterior, debe decirse que de acuerdo a la Ley 906 de Colombia se permite una justicia alternativa para todos los delitos, incluyendo los de delincuencia organizada, procurando garantizar los derechos humanos, sin diferenciar entre el ciudadano y el enemigo del Estado, contrario con lo que sucede con la Constitución Mexicana, en donde se evidencia normativamente la existencia del Derecho Penal del Enemigo.

De tal manera, en la Legislación colombiana se puede observar que se encuentran contenidos principios del garantismo penal, que permitan conciliar el principio preventivo-general de protección de la sociedad mediante la disuasión de los delincuentes, con los principios de proporcionalidad y humanidad, por un lado, y de resocializaciones, por otro.

V. CONCLUSIONES

En el garantismo se entiende que el derecho penal puede servir para cumplir un fin primordial: la minimización de la violencia en la sociedad, previniendo mediante su parte prohibitiva la razón de la fuerza manifestada en los delitos y mediante su parte punitiva la razón de la fuerza manifestada en las venganzas o en otras posibles reacciones informales.[12]

---

[12] En síntesis, se puede afirmar lo antes referido tomando en consideración la ideas de Ferrajoli, de que el garantismo tiene como fin proteger los derechos fundamentales de todas las personas.

El garantismo propone un modelo de Derecho penal autolimitado en virtud de tres ideas fundamentales. Su humanización, basada en la tajante consideración de la pena como un mal, y que consecuentemente obliga a restablecer la seguridad jurídica respecto de ella, a valorar el tratamiento como un derecho disponible del delincuente, y a perfeccionar el sistema de penas, su configuración como un derecho penal mínimo; y su desconexión de las exigencias éticas, que lleva a que sus contenidos se prevean en función de la necesidades sociales históricamente condicionadas al mantenimiento del orden social y de las vigentes concepciones sociales de los bienes a proteger y el sistema de responsabilidad a respetar.

El derecho penal del enemigo, por su lado, señalado como derecho penal de excepción con características muy particulares, que disminuyen los derechos humanos, adelanta la punibilidad, distingue entre ciudadano y enemigo del Estado, pero sobre todo viola el principio de presunción de inocencia que toda persona debe tener independientemente de los delitos cometidos.

En la constitución mexicana, se contempla pues, las dos teorías analizadas: el garantismo y el derecho penal del enemigo, ambas contradictorias, y esta última violatorio de un principio universal de presunción de inocencia, mientras que en la constitución colombiana rige la teoría del garantismo penal y si bien se contempla Estados de Excepción, sus características son muy distintas a las que caracterizan al derecho penal del enemigo contemplado por Jakobs.

Como conjetura final, debe contemplarse que es necesario en primer lugar una política criminal preventiva, garantizadora de los derechos humanos, una eficacia en la investigación de los delitos que permitan castigar a los culpables para que no exista impunidad, pero sobre todo es necesario que el Estado se sujete a la obligación de la constitución y de las leyes emanadas de ella, sin que exista un vínculo entre el gobierno mismo y la delincuencia organizada, sólo de esa manera se podría derogar de la constitución mexicana el derecho penal del enemigo.

REFERENCIAS

Constitución Política de los Estado Unidos Mexicanos. https://www.diputados.gob.mx

Constitución Política de la República de Colombia. https://secretariassenado.gov.co

Diez, J. (2003) *Racionalidad de las Leyes Penales.* Edit. Trotta.

Ferrajoli, L. (2005) *Derecho y razón,* Edit. Trotta.

Ferrajoli, L. (2006) *Epistemología jurídica y garantismo,* Edit. Fontamara.

Gascón, M. (2005) *La Teoría general del garantismo, rasgos principales,* Edit. Trotta.

Jakobs, G. (2003) *Derecho penal del enemigo.* Edit. Hammurabi.

Jakobs, G., Polaino, M. (2006) *El Derecho Penal ante las sociedades modernas.* Edit. Flores Editor y Distribuidor.

Ley 906 de 2004 de Colombia. **¡Error! Referencia de hipervínculo no válida.**.

Muñoz F. (2005) *De nuevo sobre el "Derecho penal del enemigo.* Edit. Hammurabi.

Núñez, J. (2009) Un análisis abstracto del Derecho Penal del Enemigo a partir del Constitucionalismo Garantista y Dignatario, *Polit. Crim.* Vol. 4, N° 8, pp. 383-407. https://www.politicacriminal.cl/Vol_04/n_08/Vol4N8A3.pdf.

Parra, W. (2006) El Derecho penal y la política criminal de enemigo en Colombia, *Derecho y Realidad,* Núm. 8, II semestre, 157-178.

Ríos, R. (2012) Manifestaciones del Derecho Penal del Enemigo en la Ley N° 20.000, Tesis de grado.

Capítulo 2.

LOS DERECHOS HUMANOS INTRA MUROS

Human Rights inside the muros

JOSÉ ZARAGOZA HUERTA[1]/
IDALIA PATRICIA ESPINOSA LEAL[2]

1. INTRODUCCIÓN

Ante la ausencia de una institución jurídica que garantizara el reconocimiento y protección de los derechos humanos intramuros, fue necesario una nueva política criminal en México. Y sería hasta la reforma constitucional denominada: "De Seguridad y Justicia", del año 2008, donde se iniciara la andadura hacia la protección efectiva de tales derechos; pues hasta ese momento, la ejecución de la pena privativa de libertad quedaba a cargo del Poder Ejecutivo, es decir, una vez que el

1 Doctor en Derecho por la Universidad de Alcalá de Henares, Madrid, España. Docente e Investigador de la Facultad de Derecho y Criminología de la Universidad Autónoma de Nuevo León. Miembro del Cuerpo Académico Derecho Comparado. Profesor con perfil PRODEP; miembro del SNI (1), CONACYT. Miembro de la Academia Mexicana de Ciencias. dr.zaragoza@yahoo.com.mx https://orcid.org/0000-0001-7526-9272

2 Licenciada en Derecho por la Universidad Autónoma de Nuevo León. Doctora en Derecho © por la Universidad Pablo de Olavide, España. Profesora Asociada, *Hankuk University of Foreign Studies*, 107, Imun-ro, Dongdaemun-gu, Seoul 02450, Korea. espinosayoo@hufs.ac.kr https://orcid.org/0000-0003-0003-3294

Poder Judicial (Jueces y Tribunales) imponía una sentencia se olvidaba del sentenciado.

En efecto, el nuevo paradigma en la ejecución penal impactaría en el Sistema Penitenciario Mexicano introduciéndose la institución del Juez de Ejecución de Sanciones. Con ello, el Poder Judicial se encargaría del cumplimiento y/o modificación de la pena (judicialización) y el Poder ejecutivo continuaría realizando su actividad prestacional (la administración carcelaria), otorgándose un tiempo de tres años para su entrada en vigor.

Precisamente, a la introducción de la figura del Juez de Ejecución de Sanciones, se depositó, entre otras funciones, la salvaguarda de los derechos humanos de los cautivos. Importante resulta señalar que las funciones a realizar por este instituto son de no incurrir en el campo de la administración penitenciaria, así lo ha dejado sentado tajantemente en la experiencia española, también extrapolable al caso mexicano, García Valdés (1982), quien expresa:

Ha de quedar diáfana la necesaria separación entre las atribuciones de la administración penitenciaria y las de los Jueces de Vigilancia, y no puede producirse una invasión de aquellas por las de éste, pues como ya he dicho, sería venir a reconocer facultades de dirección del establecimiento a toda autoridad judicial; ni debe extenderse sin limitación temporal alguna, o muy reducida, en materia de aislamiento celular o permisos temporales de salida, su competencia, pues de admitir tal posibilidad es fácil deducir entonces una restricción grave a la operatividad regimental de la Autoridad penitenciaria. (pp. 243-4)

La reforma constitucional del 2008 fue trascendente, si partimos de la premisa que el Estado Mexicano se erige como un ente, moderno, democrático y de derecho, garante de los Derechos Humanos de los ciudadanos (que viven en libertad), es obvio que éste debe garantizar los mismos, para aquéllos quienes se encuentran expurgando una pena privativa de libertad.

En esta tesitura, Figueruelo (1999) señala: "En el moderno Estado de Derecho, es el juez y, en general la potestad jurisdiccional por él ejercida, la mejor garantía para la corrección y medida de los supuestos de delimitación de los derechos" (p. 13).

1.1. Los derechos humanos intramuros: el estado de la cuestión

Iniciaremos señalando que, en muchas ocasiones, la defensa de los derechos humanos al interior de los centros de reinserción social mexicanos, a la fecha, sucumbe ante los actos de las autoridades penitenciarias. Y no obstante que hasta el año 2008, se pretendió dar una reorientación a la ejecución de la pena privativa de la libertad, con la judicialización al interior de los establecimientos carcelarios, completada con la reforma constitucional del año 2011, así como con la posterior promulgación, en el mes de junio del año 2016, con la Ley Nacional de Ejecución Penal, donde se establecieron las normas que deben de observarse durante el internamiento, ya sea por prisión preventiva, o para la ejecución de penas o de las medidas de seguridad que hayan sido impuestas como consecuencia de una resolución judicial; así como el establecimiento de procedimientos para resolver las controversias que surjan con motivo de la ejecución penal, y regular los medios para lograr la reinserción social; destacando la protección de los derechos humanos de los internos (preventivos y sentenciados); donde entendemos que todavía se deja a éstos en un abandono, desatendiéndose el fin primario de la prisión mexicana: la reinserción social, para permutarse a éstas la justicia retributiva, aun cuando, paradójicamente, en la doctrina internacional y nacional se alude a la justicia restaurativa como un modelo que debe imperar en la solución de los conflictos penales.

Además, habremos de mencionar que pese a las declaraciones normativas que señalan que a los reclusos solo se les ha de privar de su libertad, todos y cada uno de sus derechos fundamentales (a la vida, a la salud y a la integridad física y psíquica, a la defensa, al trabajo remunerado, al respeto de su vida privada, al secreto de su correspondencia, etc.) se encuentran devaluados en comparación con la tutela que poseen esos mismos derechos cuando los mismos se refieren a quienes viven en libertad.

Estas circunstancias han motivado que, desde la perspectiva doctrinal, algunos juristas consideren a la prisión mexicana, como el lugar en el que, por antonomasia, se violan cotidianamente los Derechos Humanos, convirtiéndose su disfrute, en un lejano anhelo más que en una realidad.

Bajo este tenor, debemos pugnar porque se potencie la protección de los Derechos humanos de los reclusos, pues continúan siendo titulares de derechos (y obligaciones), con excepción de que les sean limitados los derechos que, expresamente se señalen en fallo condenatorio.

Entendemos que se han comenzado a dar, paulatinamente, cambios en favor de los reclusos, pues precisamente con **la Reforma Constitucional Federal del año 2008**, denominada: "Seguridad y Justicia", se introdujo un nuevo paradigma en la ejecución de la pena privativa de libertad. Así, en primer término, **en el artículo 18**, párrafo segundo se estableció:

> **El sistema penitenciario se organizará sobre la base del trabajo**, la capacitación para el mismo, la educación, la salud y el deporte como medios para lograr la reinserción del sentenciado a la sociedad y procurar que no vuelva a delinquir, observando los beneficios que para él prevé la ley. Las mujeres compurgarán sus penas en lugares separados de los destinados a los hombres para tal efecto. (Constitución Política de los Estados Unidos Mexicanos, 2008, p. 5)

Con ello, se tuvo a las personas reclusas como sujetos de derechos, abandonándose la idea que eran objetos de derecho.

Por otra parte, en la citada reforma constitucional (2008), en el artículo 21, párrafo tercero se previó que: "La imposición de las penas, su modificación y duración son propias y exclusivas de la autoridad judicial" (p. 8). Con lo cual se establece una efectiva garantía de protección de los derechos humanos de los cautivos en México, a través de audiencias orales donde se promueven los principios de legalidad, debido proceso, entre otros.

Con la reforma a la Constitución Política de los Estados Unidos Mexicanos, en el año 2011, se estableció en el artículo 1, párrafos primero y segundo que:

En los Estados Unidos Mexicanos todas las personas gozarán de los derechos humanos reconocidos en esta Constitución y en los tratados internacionales de los que el Estado Mexicano sea parte, así como de las garantías para su protección, cuyo ejercicio no podrá restringirse ni suspenderse, salvo en los casos y bajo las condiciones que esta Constitución establece.

Las normas relativas a los derechos humanos se interpretarán de conformidad con esta Constitución y con los tratados internacionales de la materia favoreciendo en todo tiempo a las personas la protección más amplia. (Constitución Política de los Estados Unidos Mexicanos, 2011, p. 2)

También con la reforma constitucional del 2011, se hizo una adición al artículo 18, para quedar como sigue:

Sólo por delito que merezca pena privativa de libertad habrá lugar a prisión preventiva. El sitio de ésta será distinto del que se destinare para la extinción de las penas y estarán completamente separados.

El sistema penitenciario se organizará sobre la base del respeto a los derechos humanos, del trabajo, la capacitación para el mismo, la educación, la salud y el deporte como medios para lograr la reinserción del sentenciado a la sociedad y procurar que no vuelva a delinquir, observando los beneficios que para él prevé la ley. Las mujeres compurgarán sus penas en lugares separados de los destinados a los hombres para tal efecto.

(Constitución Política de los Estados Unidos Mexicanos, 2008, p. 5)

Como advertimos, la Carta Magna Mexicana establece dentro del Título I, Capítulo I, un catálogo de derechos humanos que bien podrían dividirse en derechos de libertad, igualdad, seguridad jurídica y propiedad (Quintana y Sabido, 2006).

Así, pues, los derechos humanos, se encuentran consagrados en el máximo ordenamiento jurídico mexicano, destacándose que en las relaciones de los ciudadanos y el Estado debe imperar un absoluto respeto entre ambas partes (principio de legalidad), o dicho, en otros términos, la autoridad solamente puede hacer aquello que la ley le permite hacer expresamente, por el contrario, el particular puede realizar todo aquello que no le esté prohibido (Quintana y Sabido, 2006, p. 41). Lo que representa una reorientación en la actuación de los operadores estatales.

No obstante lo mencionado, en la actualidad los derechos humanos encuentran una serie de obstáculos que deben superarse para poder ser garantizados por parte del Estado Mexicano. Consideramos importante, en primer lugar, precisar cuál es su definición, pues al aludir a Derechos Humanos, en muchas ocasiones, se propicia una gran confusión (Espinosa, 2020); incluso, puede llegarse a diluir su esencia o a definirlos de manera ambigua (Massini, 1987, p. 136).

Lo anterior, en razón a la propia naturaleza de los derechos humanos, y porque éstos, han sido objeto de estudio desde diversas ópticas (jurídica, filosófica, etc.) (Vega, 2003). Así, por ejemplo, se alude a corrientes naturalistas, positivistas, ecléticas, etcétera.

Pero ¿Qué son los Derechos Humanos? Si tenemos como punto de partida, la definición del más alto organismo garante de los Derechos Humanos en el país: La Comisión Nacional de Derechos Humanos, entendemos que podríamos construir nuestro propio concepto. En este orden de ideas, dicha organización los define como: "Conjunto de facultades, prerrogativas, libertades, pretensiones de carácter civil, político, económico, social y cultural, incluidos los recursos y mecanismos de garantía de todas ellas, que se reconocen al ser humano, considerado individual y colectivamente" (Comisión Nacional de los Derechos Humanos, 2004).

Coincidimos plenamente con la definición proporcionada por la Comisión; sin embargo, resulta indispensable, a nuestro parecer, que se introduzca la palabra obligaciones toda vez que todo derecho trae aparejada una obligación o deber; estas obligaciones surgen precisamente por encontrarse los internos en una relación de sujeción especial. Historicamente habremos de tener en cuenta que la figura de las relaciones de sujeción especial nace en Alemania, para justificar una situación de acentuada supremacía de la Administración, que le permitía restringir, sin demasiados límites, los derechos de los administrados, a través de una potestad sancionadora propia, regulada en sus propias normas. La misma es introducida en el campo del Derecho Administrativo en España por Gallego Anabitarte, para quien la idea supone la afirmación de una dependencia del individuo respecto a un fin específico de la Administración pública, que se añade a la relación de dependencia jurídica en que, como súbdito, se encuentra ante el Estado (Gallego, 1961). Mientras que la traslación de la institución, para el Derecho penitenciario se debe a García Valdés (García y Gimbernat, 1975).

Nuestra propuesta para definir, con un enfoque penitenciario, a Los Derechos Humanos: son aquellos derechos de la persona (individual y colectiva) que encuentran su reconocimiento y protección en el marco jurídico en que ésta(s) se desenvuelva(n); no obstante, por encontrarse los internos sometidos a un ámbito específico, tienen a su vez una serie de deberes a cumplir, con el propósito de mantener el buen orden y funcionamiento de la institución carcelaria.

A nuestro objeto de análisis, resulta importante mostrar el estatus de los derechos humanos de quienes se encuentran privados de su libertad, toda vez que el derecho penitenciario es un espacio de desarrollo que exige una actuación profesional al tiempo que ético para con los cautivos (García, 2002).

Sin duda, el marco de protección de los derechos humanos penitenciarios se encuentra perfectamente establecido, la interrogante será constatar su reconocimiento y aplicación intramuros.

2. LOS DERECHOS HUMANOS ORIENTADOS A LA REINSERCIÓN SOCIAL DEL SENTENCIADO

En los párrafos siguientes aludiremos a los derechos que están, por mandato constitucional, orientados a uno de los más importantes Principios Rectores del Sistema Penitenciario; esto es, los derechos humanos que deben garantizarse por parte del Estado Mexicano, durante el cumplimiento de la pena privativa de la libertad. Así lo establece el artículo 4: ..."Reinserción social. Restitución del pleno ejercicio de las libertades tras el cumplimiento de una sanción o medida ejecutada con respeto a los derechos humanos" (Ley Nacional de Ejecución Penal Federal, 2016).

2.1. Derecho Humano a la reinserción social

La reinserción social se configura como una proyección que debe de ser garantizada para los sentenciados a pena privativa de libertad, debiendo el Estado en todo caso remover aquellos obstáculos que pudieran encontrarse en el camino resocializador, y poniendo asimismo en práctica todos los medios e instrumentos necesarios para que la tarea reinsertadora surta los efectos esperados (Fernández, 2014, p. 373).

En este sentido, el sujeto interno solo se instrumenta de los mecanismos consagrados en la Constitución Federal mexicana y desarrollados en la Ley Nacional de Ejecución Penal, donde se introducen como ejes rectores, el respeto a los derechos humanos, el trabajo, la capacitación para el mismo, la educación, la salud y el deporte, los que deben adecuarse a las características, necesidades y capacidades del interno, evaluando los aspectos físicos, psicológicos y sociales del tratamiento; que a nuestro criterio deben ser realizados por expertos en las diversas ramas –abogados, criminólogos, psicólogos, sociólogos, trabajadores sociales, licenciados en administración deportiva, terapistas, médicos, etcétera— para beneficio del interno. Esta evaluación debe de ser gradual, y debe darse un seguimiento para que se modifique el grado en el que se encuentre el interno (Peláez, 2000).

2.2. El Derecho Humano al trabajo

La Ley Nacional de Ejecución Penal en su artículo 91 establece la naturaleza y finalidad del trabajo sobre esta materia penitenciaria, estableciendo que:

El trabajo constituye uno de los ejes de la reinserción social de las personas privadas de la libertad y tiene como propósito prepararlas para su integración o reintegración al mercado laboral una vez obtenida su libertad.

El trabajo se entenderá como una actividad productiva lícita que llevan a cabo las personas privadas de la libertad en el Centro Penitenciario, bajo las siguientes modalidades:

I. El autoempleo;

II. Las actividades productivas no remuneradas para fines del sistema de reinserción, y

III. Las actividades productivas realizadas a cuenta de terceros.

Para la participación de las personas privadas de la libertad en cualquiera de las modalidades del trabajo, la Autoridad Penitenciaria determinará lo conducente con base en la normatividad vigente y el régimen disciplinario del Centro Penitenciario.

Conforme a las modalidades a que se refiere esta Ley, las personas privadas de la libertad tendrán acceso a seguros, prestaciones y servicios de seguridad social, con base en la legislación en la materia, cuyo ejercicio sea compatible con su situación jurídica.

En ningún caso la Autoridad Penitenciaria podrá ser considerada como patrón, ni tampoco como patrón solidario, subsidiario o sustituto. (Ley Nacinal de Ejecución Penal, art. 91)

El derecho al trabajo penitenciario viene a constituirse, en uno de los pilares de los fines de las instituciones penitenciarias mexicanas; respetándose la dignidad del interno y estableciéndose que el mismo, no tendrá un carácter aflictivo.

En este sentido, resulta necesaria la eficacia del trabajo y su naturaleza social idónea para favorecer el reingreso de los internos a la sociedad, por ello, el trabajo tiene no solo valor ético, en cuanto es cumplimiento de un deber, sino además un valor económico y social, en cuanto implica una ordenada relación humano, una cooperación, y por tanto una actividad dedicada a la producción de bienes (García, 2000).

2.3. Derecho Humano a la educación

En relación con la educación como un derecho humano, la disposición constitucional desarrollada en la Ley Nacional de Ejecución Penal, establece en el artículo 83 lo siguiente: La educación es el conjunto de actividades de orientación, enseñanza y aprendizaje, contenidas en planes y programas educativos, otorgadas por instituciones públicas o privadas que permitan a las personas privadas de su libertad alcanzar mejores niveles de conocimiento para su desarrollo personal, de conformidad con lo establecido en el artículo 3o. Constitucional.

La educación que se imparta en los Centros Penitenciarios será laica, gratuita y tendrá contenidos de carácter académico, cívico, social, higiénico, artístico, físico y ético, orientados en el respeto a la ley, las instituciones y los derechos humanos. Será, en todo caso, orientada por las técnicas de la pedagogía y quedará a cargo de profesores o maestros especializados. Así mismo las personas privadas de su libertad que obtengan una certificación por la autoridad educativa correspondiente podrán realizar las labores de docencia a las que hace referencia el presente artículo.

Tratándose de personas indígenas, la educación que se les imparta será bilingüe y acorde a su cultura, para conservar y enriquecer sus lenguas, y la instrucción deberá ser proporcionada por maestros o profesores que comprendan su lengua. (Ley Nacional de Ejecución Penal, 2016, art. 83)

El derecho a la educación, consagrado normativamente, se suele alzar como la pieza maestra del tratamiento (García, 1979), pues permite que la estancia en prisión deje de ser ociosa y, por el contrario, provechosa, al ofertárseles herramientas que en el futuro permitirán a los reclusos poder integrarse a la sociedad sin ninguna dificultad.

A ello debemos agregar la importancia de esta prerrogativa en la historia del encierro humano toda vez que por larga tradición se ha pensado que instruir a los delincuentes, vale por sí mismo a readaptarlos a la sociedad (Ojeda, 2005, p. 214).

Tratándose de internos extranjeros o indígenas, la educación que se les imparta se procurará que sea bilingüe, para conservar y enriquecer sus lenguas, y la instrucción deberá ser proporcionada por docentes especializados.

2.4. Derecho Humano a la salud

La asistencia sanitaria en el curso de la historia penitenciaria, se ha caracterizado por ser una de las materias más deficientes en todos los países del mundo (García, 1982); en este sentido, la inquietud por la mejor asistencia sanitaria de los establecimientos penitenciarios resulta una preocupación reciente, tendente a rectificar situaciones históricas de abandono (Howard, 1788), toda vez que en la antigüedad imperó el hacinamiento y la insalubridad, propiciándose las enfermedades físicas y mentales (Paz, González-Cuellar, Martínez y Martín-Sonseca, 1996).

En la Ley Nacional de Ejecución Penal, en su artículo 74, se indica:

La salud es un derecho humano reconocido por la Constitución Política de los Estados Unidos Mexicanos y será uno de los servicios fundamentales en el sistema penitenciario y tiene el propósito de garantizar la integridad física y psicológica de las personas privadas de su libertad, como medio para proteger, promover y restaurar su salud. (Ley Nacional de Ejecución Penal, art. 74)

En este sentido en la actualidad mexicana se ha comenzado a ofertar una asistencia médica en términos de dignidad humana, resultando paradójico que en ocasiones quienes trasgreden el marco legal, cuenten con acceso a sanidad mientras los ciudadanos en libertad en muchas ocasiones carecen de ésta.

2.5. Derecho Humano al deporte

En la Ley Nacional de Ejecución Penal, en su artículo 72, se prevé: “Son bases de la organización del sistema penitenciario para lograr la reinserción social: … y el deporte. Estas bases serán elementos esenciales del Plan de Actividades diseñado para las personas privadas de su libertad en los Centros Penitenciarios". (Ley Nacional de Ejecución Penal, 2016)

En la normativa penitenciaria mexicana se establece el deber, por parte de la Administración penitenciaria de garantizar dentro de ese catálogo de obligaciones que debe cumplir hacia los internos, la función de organizar las actividades deportivas, para lo cual, deberá gestionar ante las correspondientes autoridades oficiales que la misma se garantice, debiendo celebrar los convenios necesarios con las distintas instituciones deportiva CONADE, para ofertar a los recluidos actividades similares a aquellas que se realizan en libertad, claro está, tomando necesariamente en cuenta las características especiales de sus destinatarios.

Asimismo, la Administración deberá completarla con una serie de actividades tendentes a desarrollar en los presos una convivencia armónica intramuros[3], que potencialmente le predisponga de manera favorable para su reinserción social (García, 2000).

---

3 En este sentido en el artículo 3, Fracción II, se describen las Autoridades Corresponsables, en el proceso resocializador: "A las Secretarías de Gobernación, de Desarrollo Social, de Economía, de Educación Pública, de Salud, del Trabajo y Previsión Social, de Cultura, la Comisión Nacional de Cultura Física y Deporte, el Sistema Nacional para el Desarrollo Integral de la Familia y la Secretaría Ejecutiva del Sistema Nacional de Protección Integral de Niñas, Niños y Adolescentes y sus equivalentes en las entidades federativas, así como aquellas que por su naturaleza deben intervenir en el cumplimiento de la Ley, en el ámbito de sus atribuciones" (Ley Nacional de Ejecución Penal, 2016). Toda la actuación de los diversos actores no resultaría exitosa, si además de contar con un desembolso generoso, no existiera una convicción en los principios informadores de la normativa que soportara e impulsara tales desarrollos materiales. (Sanz, 2003, p. 349).

3. EL JUEZ DE EJECUCIÓN DE PENAS: GARANTE DE LOS DERECHOS HUMANOS *INTRA* MUROS

La llegada del garante de la ejecución penitenciaria respondió, entre otras razones: a la previsión jurídica en otros modelos penitenciarios de occidente, a las demandas realizadas por parte de la doctrina penitenciaria mexicana, así como a las exigencias plasmadas en los instrumentos normativos internacionales firmados y ratificados por el Estado Mexicano, que reclaman su inclusión en las normas penitenciarias.

La introducción de la presente institución prevista en la mencionada reforma constitucional del año 2008, vino a consolidar el reconocimiento y protección de los Derechos Humanos de los reclusos; concediendo y negando beneficios penitenciarios, observando la actividad de los funcionarios penitenciarios y, finalmente, garantizando que se lleve a cabo el efectivo cumplimiento de la sanción penal; en definitiva, fiscalizar la actividad al interior de las prisiones mexicanas, introduciendo controles a quienes aplican las penas, con la consecuente disminución de los vicios prisionales.

Así pues, con el inicio de la judicialización de la ejecución mexicana, la actuación de los jueces, a la luz del nuevo sistema de justicia oral, incide en una concientización tanto social como institucional *ad intra* de las instituciones penitenciarias del Estado para que de *iure* y *facto* los internos vivan la garantía de protección de sus derechos humanos. Todos previsto en la normativa *ex profeso:* la Ley Nacional de Ejecución Penal; en su artículo 24, se señala:

El Poder Judicial de la Federación y Órganos Jurisdiccionales de las entidades federativas establecerán jueces que tendrán las competencias para resolver las controversias con motivo de la aplicación de esta Ley establecidas en el Capítulo II del Título Cuarto de esta Ley. Son competentes para conocer del procedimiento de ejecución penal los jueces cuya circunscripción territorial se encuentre la persona privada de la libertad, independientemente de la circunscripción territorial en la que se hubiese impuesto la sanción en ejecución. Los Jueces de Ejecución tendrán la competencia y adscripción que se determine en su respectiva ley orgánica y demás disposiciones legales. La jurisdicción territorial de los Jueces de Ejecución se podrá establecer o modificar mediante acuerdos generales. (Ley Nacional de Ejecución Penal, 2016)

Cabe señalar que dentro de las competencias del Juez de Ejecución (artículo 25) se encuentran:

I. Garantizar a las personas privadas de la libertad, en el ejercicio de sus atribuciones, el goce de los derechos y garantías fundamentales que le reconoce la Constitución, los Tratados Internacionales, demás disposiciones legales y esta Ley; II. Garantizar que la sentencia condenatoria se ejecute en sus términos, salvaguardando la invariabilidad de la cosa juzgada con los ajustes que la presente legislación permita; III. Decretar como medidas de seguridad, la custodia de la persona privada de la libertad que llegue a padecer enfermedad mental de tipo crónico, continuo e irreversible a cargo de una institución del sector salud, representante legal o tutor, para que se le brinde atención, trato y tratamiento de tipo asilar; IV. Sustanciar y resolver los incidentes que se promuevan para lograr el cumplimiento del pago de la reparación del daño, así como los demás que se promuevan con motivo de la ejecución de sanciones penales; V. Garantizar a las personas privadas de la libertad su defensa en el procedimiento de ejecución; VI. Aplicar la ley más favorable a las personas privadas de la libertad; VII. Establecer las modalidades sobre las condiciones de supervisión establecidas para los supuestos de libertad condicionada, sustitución de penas y permisos especiales; VIII. Rehabilitar los derechos de la persona sentenciada una vez que se cumpla con el término de suspensión señalado en la sentencia, así como en los casos de indulto o en los casos de reconocimiento de inocencia; IX. Imponer los medios de apremio que procedan para hacer cumplir sus resoluciones; X. Las demás que esta Ley y otros ordenamientos le confieran. (Ley Nacional de Ejecución Penal, 2016, art. 25)

Es importante comentar que las controversias que se deban resolver ante los jueces (artículos 117, 118 y 119) se ventilarán conforme al procedimiento jurisdiccional el cual detenta una serie de rasgos de identidad, previstos en el artículo 120, de la siguiente manera:

> Las acciones y recursos judiciales se sustanciarán conforme a un sistema adversarial y oral y se regirán por los principios de contradicción, concentración, continuidad, inmediación y publicidad. La persona privada de la libertad deberá contar con un defensor en las acciones y recursos judiciales; mientras que la Autoridad Penitenciaria podrá intervenir por conducto de la persona titular de la dirección del Centro o de la persona que ésta designe. El promovente podrá desistirse de la acción y del recurso judicial en cualquier etapa del procedimiento, siempre que esto no implique la renuncia a un derecho fundamental. (Ley Nacional de Ejecución Penal, 2016, art. 120)

4. CONCLUSIÓN

Actualmente hay una separación de atribuciones entre la administración penitenciaria (Poder ejecutivo) y la judicialización de la pena (Poder judicial), esto gracias a la reforma constitucional del 2008, complementándose con la reforma del 2011 por la implementación del reconocimiento de derechos humanos, normativizándolos en el 2016 con la Ley Nacional de Ejecución penal, en la que se regula y garantiza la protección de determinados derechos humanos en el sistema penitenciario, destacando el derecho humano a la reinserción social después de cumplimentar una sanción o medida ejecutada con respeto a los derechos humanos.

Los derechos humanos hoy más que nunca deben ser garantizados en los centros de reinserción social mexicanos. Sin duda es mucho lo que pasa por garantizar, factores como el presupuestal, cultural, político y social deberán conjugarse para que efectivamente los derechos humanos intramuros sean experimentados.

Referencias

Fernández Bermejo, D. (2014). El fin constitucional de la reeducación y reinserción social ¿un derecho fundamental o una orientación política hacia el legislador español?, *ADPCP,* 67(1), 363-415.

Comisión Nacional de los Derechos Humanos. (2004). *Nuestros derechos.* 2ª ed., CNDH.

Constitución Política de los Estados Unidos Mexicanos. *Diario Oficial de la Federación,* 18 de junio de 2008, p. 5. https://www.diputados.gob.mx/LeyesBiblio/ref/dof/CPEUM_ref_180_18jun08_ima.pdf

Constitución Política de los Estados Unidos Mexicanos. *Diario Oficial de la Federación,* 10 de junio de 2011, p. 2. https://www.diputados.gob.mx/LeyesBiblio/ref/dof/CPEUM_ref_194_10jun11.pdf

Espinosa Leal, I. (2020). Human Rights in Mexico. *Annals of Bioethics & Clinical Applications,*3(3), 1-6.

Figueruelo Burrieza, A. (1999). *La ordenación constitucional de la justicia en España.* U. Externado.

Gallego Anabitarte, A. (1961). Las relaciones especiales de sujeción y el principio de legalidad de la Administración. *Revista de Administración Pública,* 34, 11-51.

García Andrade, I. (2000). *El sistema penitenciario mexicano, Retos y perspectivas.* Sista.

García Ramírez, S. (1979). *El final de Lecumberri. Reflexiones sobre la prisión.* Porrúa.

García Valdés, C. (1982). *Comentarios a la legislación penitenciaria.* 2ª ed., (reimp. 1995), Tecnos.

García Valdés, C. y Gimbernat Ordig, E. (1975). *Régimen penitenciario de España. Investigación histórica y sistemática.* Universidad Complutense de Madrid: Instituto Universitario de Criminología.

Howard, J. (1788). *Etat des prisons, des hopitaux et des maisons de force.* Vol. 2, Le palais Royal. https://books.google.bj/books?id=41 1eAAAAcAAJ&printsec=frontcover&hl=es&source=gbs_ge_summary_r&cad=0#v=onepage&q&f=false

Ley Nacional de Ejecución Penal. *Diario Oficial de la Federación,* 16 de junio de 2016, p. 5. https://www.diputados.gob.mx/LeyesBiblio/pdf/LNEP_090518.pdf

Massini, C. I. (1987). *El Derecho de los Derechos Humanos y el valor del derecho.* Abeledo-Perrot.

Ojeda Velázquez, J. (2005). *Derecho constitucional penal.* Porrúa.

Paz Rubio, J. M., González-Cuellar García, A., Martínez Atienza, G., Alonso Martín-Sonseca, M. (1996). *Legislación penitenciaria: Concordancia, comentarios y jurisprudencia.* Editores Constitución y Leyes, COLEX.

Peláez Ferrusca, M. (2000). *Derechos de los internos del sistema penitenciario mexicano.* UNAM.

Quintana Roldán, C. F. y Sabido Peniche, N. D. (2006). *Derechos Humanos.* 4ª edición, Porrúa.

Sanz Delgado, E. (2003). Las viejas cárceles: Evolución de las garantías regimentales. *Anuario de Derecho Penal y Ciencias Penales,* 56(1), 253-350.

Vega Hernández, R. (2003). *Derechos Humanos y Constitución: Alternativas para su protección en México.* Editor Santiago de Querétaro: Fundación Universitaria de Derecho , Administración y Política.

Capítulo 3.

MÁS ALLÁ DE LAS REJAS: DESAFÍOS LABORALES PARA LAS PERSONAS LIBERADAS EN MÉXICO.

RAYMUNDO MIRANDA RAMÍREZ[1]

ORCID. 0000-0002-2141-5913

I. INTRODUCCIÓN

La presente investigación responde a la necesidad de analizar sobre los aspectos de la estigmatización que impiden la integración de la persona liberada a la sociedad en la que se desarrolla, sin dejar de lado lo relacionado a la exclusión de la cual es objeto el sujeto que ha estado en prisión. En este sentido, el estudio tiene por objeto el análisis de los factores que impiden la integración laboral, social, familiar y económica del sujeto que estuvo en prisión, así como identificar la categoría social de la persona, de igual manera conocer las marcas, señales o etiquetas de la que es objeto por el colectivo social.

La integración a la sociedad de las personas liberadas es uno de los desafíos más difíciles que enfrenta la sociedad actual, y México no es la excepción, las personas que no han recupera-

---

1 Licenciado en Derecho por la Universidad Autónoma del Estado de México, Maestro den Criminología y Doctor en Derecho por la Universidad de Ixtlahuaca CUI, docente-investigador de la Facultad de Derecho de la Universidad de Ixtlahuaca CUI.

do su libertad a pesar de haber cumplido sus condenas todavía enfrentan muchos problemas al intentar reintegrarse a la vida social, uno de los factores más determinantes en este proceso es la discriminación social, que no sólo afecta su salud sino que limita sus oportunidades en todos los aspectos considerados, especialmente en el ámbito laboral. Los ex delincuentes se enfrentan a un entorno que a menudo los ve a través de la lente de sus delitos pasados, lo que tiene un impacto negativo en la integración social. En este contexto, este estudio pretende analizar el estigma que afecta a la integración de los ex presos en la sociedad, incluyendo la social, familiar, laboral y monetaria. Con métodos cualitativos se intenta identificar las relaciones que definen el entorno humano, así como los nombres, símbolos y etiquetas que les otorgan los grupos sociales que desembocan en ellas.

En tanto, el fin primordial al interior de un reclusorio es evaluar los tratamientos de readaptación que se emplean en el trabajo de la reinserción social de los presos funcionen, al respecto Hernández (2010) señala, el sistema penitenciario se organizara sobre la base del trabajo, la capacitación para el mismo, la educación, la salud y el deporte como medios para lograr la reinserción del sentenciado a la sociedad y procurar que no vuelva a delinquir, observando los beneficios que para él prevé la ley, propiciando con ello, la alternancia entre tratamiento y seguimiento del sujeto privado de libertad a fin de obtener una segunda oportunidad al regreso a la sociedad a la que perteneció en un primer momento.

En el mismo orden, Ruiz (2010), refiere, la intención de las penas y las medidas de seguridad es proteger a la sociedad del crimen y por tanto el delincuente debe aprender a respetar las leyes y hacerlas respetar ante la sociedad, por tanto, el preso una vez que logra su libertad tiene como principal objetivo de resocializarse y encajar en la sociedad laboral a efecto de evitar caer en la reincidencia de las conductas delictivas y solo enfocarse en la integridad laboral y la vida social. Así mismo, se explican los mecanismos, programas y políticas empleadas y propuestas por el Estado, en materia de reinserción social, los cuales señalan que el trabajo es uno de los elementos fundamentales para lograr el reingreso a la sociedad y con ello conseguir un empleo de modo formal.

En el mismo contexto, Torregrosa (2007) refiere, el Estado está preocupado más por el número de prisiones a construir qué por la seguridad en ellas, antes que ver los alcances del tratamiento otorgado a los presos, por ello, la sociedad muestra una actitud negativa hacia las personas liberadas, toda vez que solo ven en ellos un desecho social y no a un individuo capaz de insertarse en la sociedad, además de considerarlo como un ser no capacitado para realizar una actividad en el mundo laboral.

II. DISEÑO METODOLÓGICO

La presente investigación se desarrolló desde el ámbito mixto, Ruiz (2006), se está explorando la realidad externa del individuo, se abordan creencias presuposiciones subjetivas de la realidad que van desde percepciones vagas hasta las intuiciones o bien las teorías formuladas en un ámbito formal. Tiene como alcance final, tal como lo señala Goffman (2006), identificar los aspectos de la estigmatización que impiden la integración laboral de la persona liberada o bien si es el mismo individuo el que crea su propio estigma al momento de salir de prisión. Para la obtención de la información y recabar evidencias, se utiliza la entrevista a profundidad, Valdés (2008) refiriendo que es la conversación profesional que se realiza entre un entrevistador/a y un informante con el objeto de obtener información sobre la vida, en general, o sobre un tema, proceso o experiencia concreta de una persona.

Con relación a los sujetos tipo, está conformado por tres individuos (tres hombres) que presentan las siguientes características, *Participante 1* cometió el delito violación, recluido por un lapso de tres años y seis meses y tiene un periodo de liberación de un año. *Participante 2*, cometió el delito de robo simple, se le impuso una pena de dos años y que tienen tiempo de liberación de ocho meses aproximadamente, el *Participante 3*, cometió el delito contra la flora y la fauna silvestre, se le impuso una pena de dos años de prisión y tiene un tiempo de liberación de seis meses aproximadamente, las edades de los sujetos tipo, motivo de estudio oscilan entre los 30 y 51 años de edad. Las categorías que se utilizaron en la presente investigación. (ver tabla 1)

Tabla 1. Categorías de análisis

Categoría	Descripción
Rechazo social	En este caso los aspectos más sobresalientes fueron el trato recibido al salir de prisión, así como los comentarios y opiniones recibidos por parte de los vecinos respecto de la estancia en prisión,
Autorechazo.	Es la percepción de la persona por haber estado en prisión, así como la condición que presta el sujeto respecto de su estancia en prisión y las circunstancias que orillan a sentirse rechazado
Rechazo laboral	Se da principalmente cuando el sujeto solicita un empleo y argumenta que estuvo en prisión y la persona encargada de recibir dicha solicitud niega la oportunidad de desarrollar las habilidades y muestra un rechazo total hacia el sujeto.
Rechazo familiar	El sujeto que sale de prisión sufre un rechazo o negación del apoyo por parte de los integrantes de la familia.

Fuente. Elaboración propia.

III. DESARROLLO DEL TRABAJO

Hablar de reinserción social es adentrase a la realidad del trabajo penitenciario y determinar si funciona o no el tratamiento o los métodos aplicados para lograr una reintegración social de las personas privadas de su libertad y es analizar el contexto penitenciario, así como lo que sucede al interior de los penales, es por ello que, solo se tendrá un primer acercamiento respecto a que es la reinserción social, como un concepto genérico y lo que en el mundo debería ser conocido como reinserción social. En este sentido, Pérez (2009), Ordaz y Cunjama (2008), refieren, la reinserción social se entiende como la acción educativa compleja e integral, que busca ejecutar acciones de responsabilización, reparación e integración social y así limitar los efectos que la sanción privativa de libertad genera en la inserción social del delincuente.

Es pertinente mencionar, la reinserción social es el fin último de tratamiento penitenciario, en este sentido, Pérez (2009), enuncia, se comprende como el resultado final de un proceso de aprendizaje y de vinculación de la persona excluida de la sociedad y su funcionamiento. Para ello es necesario que el sujeto haya sido partícipe de instancias de educación, capacitación laboral y rehabilitación, lo cual permitirá en definitiva insertarlo a la sociedad. En tanto, la Comisión Nacional de los Derechos Humanos (2019) hace énfasis a los mecanismos fundamentales para lograr una verdadera reinserción social son la formación cultural y el trabajo, siendo estos los pilares básicos para lograrlo, es por ello que el Estado debe aplicar un sistema de tratamiento en el que se le dé prioridad al trabajo y la educación como parte del tratamiento penitenciario sin olvidar los demás mecanismos que también poseen su relevancia.

Aunado, el Instituto Nacional de Estadística y Geografía (2011), refiere, de acuerdo a los resultados del Censo de población y vivienda del año 2010, la población económicamente activa había tenido un incremento del 10.5 %, por lo que, la situación laboral de las personas es de considerarse en una situación media, bajo esta circunstancia obtener un empleo para una persona económicamente activa le resulta difícil, cuanto más a un individuo que ha sufrido los efectos criminógenos de la cárcel y el estigma social que lleva consigo haber sido sujeto activo de un hecho punible.

En este sentido Barrón (2008), refiere que es necesario entender primeramente a la cultura penal concebida como la amalgama indefinida de la teoría penitenciaria, de la experiencia acumulada, la sabiduría institucional y el sentido común profesional que enmarca las acciones de los agentes penales y confiere significado a su quehacer. Es una cultura local, institucional –una forma específica de vida– con sus propios términos, categorías y símbolos, que dan forma al contexto de significado inmediato en el que existen las políticas penales. Por lo que el mismo autor refiere que las autoridades penitenciarias se han interesado en la promoción del trabajo en las prisiones como medio de reinserción social.

Finalmente, el problema radica entre los sectores de la sociedad, pues existe una divergencia de ideas y posturas respecto a la categoría o roles que desempeña cada grupo social, y esto se debe principalmente a la postura acrítica de la sociedad y por lo tanto los sujetos estigmatizados (personas liberadas) son proclives a ser objeto de una mirada que los estigmatiza, con lo cual se les clasifica como máximos exponentes de la irresponsabilidad, la falta de experiencia y por supuesto la falta de valores.

IV. DISCUSIÓN Y RESULTADOS

Las respuestas emitidas por los sujetos tipo entrevistados respecto de la estigmatización que sufren por haber estado en prisión lo expresaron de la siguiente manera:

RECHAZO SOCIAL.

Los sujetos entrevistados refieren que "al salir de prisión la sociedad en general te ve feo, ya no existe la misma confianza y surgen comentarios por parte de los vecinos y amigos respecto de la estancia en prisión". Es este sentido se establece que en un primer momento el sujeto que estuvo en prisión es estigmatizado o rechazado por la sociedad por las marcas o señalamientos que cada sujeto imprime de su persona una vez estando al interior del núcleo social tal y como lo enunciaron Calleja y Piña (2005), Goffman (2006) y Cuevas (2010). En los siguientes testimonios, se puede observar cómo los sujetos sienten ese rechazo social por haber estado en prisión por medio del trato que reciben de la gente.

Participante 2.	Participante 3.
Pues hay gente que te ve feo, pues como te mira feo y a veces el rechazo de algunas personas no, pues te lo merecías por andar de borracho y no obedecer a tus padres y andar de vago.	Pues al principio te ven feo y te comienzan a preguntar que como es adentro, que porqué lo hiciste, que ese lo que vas a hacer ahora que estas afuera, pero si ya no se siente la misma confianza que antes.

En este sentido, se señala que el individuo debe presentar los elementos suficientes para que la sociedad evite a toda costa un rechazo hacia ellos, con lo que se demuestre que el tratamiento penitenciario fue el adecuado, y otorgo las herramientas necesarias y que en todo momento se estuvo pensando en la vida en libertad del sujeto para con ello evitar a toda costa el rechazo social, tal como lo enuncian Hernández (2010), Marín, Moner, Gibert y Miguelez (2009), Luna y Luna (2011) y Ordaz y Cunjama (2009) Lo anterior, se ve reflejado en los siguientes testimonios de los sujetos que perciben ese rechazo social al momento de salir de prisión y por lo mismo a la sociedad le es difícil confiar en ellos.

Participante 1.	*Participante 2.*	*Participante 3.*
Porque considero, que la sociedad cree que el haber estado ahí en prisión retomo uno hábitos dudosos que se pierde todo valor y norma, entonces yo pienso que al pensar así es porque dudan de uno, pero la verdad no es cierto porque por eso es una institución de readaptación donde no pierde sino ganas donde lo peor no se los lleva uno, ese es mi punto de vista del porque la sociedad no confía en uno	*Por lo mismo pues supuestamente por los delitos que cometimos y porque nos consideran una basura de la sociedad lo peor.*	*Porque tiene mala reputación, porque pienso que la sociedad dice pues entro haya y no sabes que mañas traiga o que haya aprendido en ese lugar, no sabes que aprendió vivió con delincuentes, secuestradores, es por la mala información que tiene uno pero yo siento que depende el cómo se podría decir cada quien elige lo que quiere ser, pues yo le voy a echar adelante por mi familia.*

Es así que las experiencias emitidas por los sujetos de cómo se sienten al salir de prisión y llegar al núcleo social, se hace notar que en gran parte la sociedad muestra un barrera hacia los ex –reclusos y por ende surge un rechazo marcado, tal como lo refieren Cuevas (2010) y Setton (2008) puesto que existe un problema entre los sectores de la sociedad respecto de los esquemas y los roles que desempeña una persona que estuvo en prisión, aunado a esto se encuentra la sanción que le impone la sociedad por el simple hecho de haber estado en prisión, propiciando con ello que se generen más obstáculos al momento de incursionarse al ámbito laboral, familiar y social. Lo anterior, lo demuestran los siguientes testimonios respecto de las condiciones por las cuales la sociedad muestra ese rechazo hacia las personas liberadas.

Participante 1.	Participante 2.
Muchas son las circunstancias hay muchos factores yo creo que uno de ellos es la drogadicción... delinquir más que nada	Pues por lo que fuiste, no, porque anduviste en la calle y cometiste un delito, además no eres parte de la sociedad eres un vago y no por lo tanto no encajas en la misma comunidad

De igual, forma, los siguientes testimonios refieren cuales son los medios por los que la sociedad puede cambiar la percepción sobre las personas que estuvieron en algún momento en prisión.

Participante 1.	Participante 2.	Participante 3.
Demostrando no demostrando que de algo sirvió el estar ahí demostrando la creatividad de uno mismo, pues eso considero que es lo más importante.	Pues dialogando, hablando, conviviendo y respetándonos unos a otros	Vivir una situación similar para que entiendan.

Tal y como lo exponen Cuevas (2010), Martínez (s/f) y Ponce (2004) al poner de manifiesto que una vez que el sujeto estigmatizado o rechazado socialmente es convertido en víctima social y por lo tanto se están trasgrediendo sus derechos fundamentales, es por ello que, se debe visualizar un contexto en el que se le dé una segunda oportunidad y volver a confiar en ellos.

Así pues, resulta de trascedente hacer un alto en nuestro andar y preguntar hasta qué grado la sociedad influye en el comportamiento de los sujetos que estuvieron en prisión para ser aceptados dentro del colectivo social y tener las mismas oportunidades de desarrollo en el ámbito laboral.

AUTORECHAZO

Un sujeto que estuvo en prisión además del rechazo que puede vivir por parte de la sociedad, puede sentirse autorechazado, al considerar que no cuenta con los elementos suficientes o bien el tratamiento penitenciario no fue el apropiado, aunado a ello, se encuentra la percepción social originando que el rechazo sea mayor. En los siguientes testimonios los sujetos refieren las circunstancias se mediante las cuales se presenta el Autorechazo por haber estado en prisión:

Participante 1.	Participante 2	Participante 3.
[...] en ocasiones me he llegado a sentir mal por haber estado en la cárcel aun y cuando fui declarado inocente	Si porque en algún momento pienso que fui mal ciudadano y mala persona con mis vecinos y mi familia al no hacerles caso cuando ellos me decían que dejara de andar de borracho y en la vagancia.	Yo mismo créame que no pues en algún momento le agradezco a la vida porque fui ahí en donde comencé a valorar más a mi familia, pues uno no sabe quién realmente está contigo

En un primer momento el Sujeto 1 refiere que por la sociedad en general no siente el rechazo, pero cuando se refiere a su persona, se muestra ese Autorechazo por haber estado en prisión, aunque también se escuda en que fue declarado inocente y por lo tanto refiere que no le da cabida al rechazo social porque él es una persona normal que estuvo injustamente en prisión.

Por lo que hace a los sujetos 2 y 3 se hace ver que en el sujeto 2, está marcado claramente el autorechazo por haber sido un mal ciudadano y no haber acatado las normas establecidas por la familia principalmente, en cuanto al sujeto 3 manifiesta no sentirse autorechazado, más bien la estancia en la prisión le sirvió para valorar más a su familia y a los que lo rodean.

Lo anterior concuerda con lo señalado por Monroy, Ruiz y Gaona (2010) y Arístegui, Vázquez, Dorigo, y Lucas (2012) es por ello que las acciones descalificadoras demostradas por la sociedad sobre un sujeto en ocasiones son demasiadas por lo cual él mismo las internaliza de modo tal, la afectación no solo está en el conjunto social y familiar, sino que la afectación es en la propia persona. En este sentido, los siguientes testimonios dan cuenta de cuál es la visión del sujeto por haber estado en prisión.

Participante 1.	Participante 2	Participante 3.
Fue una experiencia amarga desagradable y dolorosa eeh más sabiendo que no fue, no se llevó a cabo el delito por el que yo fui acusado pero el haber estado ahí dentro de la experiencia retomé algunos valores que yo había pasado por alto, las normas volví a retomar o entrar en normas en las que yo definitivamente yo había olvidado crecí un poquito más al haber estado ahí	Psssss pues injustamente, si injustamente no porque por las personas uno comenta como uno anda en la calle y uno dice cosas la gente piensa mal, o como dice la gente al perro más flaco se le cargan las pulgas no	Pues yo creo que a nadie se le desea estar ahí porque es un lugar feo, y nadie se le desea

Los tres sujetos concuerdan respecto a la situación emocional que se vive por el hecho de haber estado en prisión, son experiencias desagradables las cuales hacen reflexionar sobre su actuar ante la sociedad, además de reforzar las virtudes que se tienen como seres humanos e incluso de ser compasivos con la misma sociedad al no desearle que vivan la misma experiencia. Por lo que Monroy, Ruiz y Gaona (2010), coinciden con lo anterior es por ello que los sujetos señalados o marcados por la misma sociedad buscan ser tratados de manera normal, pero en la mayoría de las ocasiones no encuentran la aceptación que se esperaba y por ende se encuentran en una situación de desigualdad.

En las siguientes testimoniales se presenta con claridad cuáles son las circunstancias que orillan a los sujetos a considerarse rechazados.

Participante 2.	Participante 3.
Si cuando salí de prisión la gente me veía mal y comentaban ya anda afuera ese vago ojalá y haya aprendido algo en el bote	Pues fíjese que si en un principio cuando sales si porque te preguntas y ahora que voy a hacer y qué dirá la gente cuando me vea en la calle.

En este sentido, Arístegui, Vázquez, Dorigo, y Lucas (2012), reafirman lo dicho, las personas siempre distinguen o señalan a los sujetos con características o marcas que ponen una situación de desigualdad en el estrato social, por lo tanto, evita encontrar las mismas oportunidades de desarrollo la sujeto que estuvo en prisión.

RECHAZO LABORAL

El rechazo laboral es contextualizado por lo sujetos entrevistados como los "impedimentos que generan que el individuo no goce de las mismas oportunidades en el mercado laboral" [sic] al momento de solicitar un empleo o desempeñar una actividad en el ámbito laboral, se está ante una desigualdad, por lo tanto no se cumple con el fin primordial del tratamiento penitenciario, la reinserción social, Subirats, Giménez, Obradors, Giménez, Queralt, Bottos y Rapoport (2004), coinciden en lo expuesto, por lo que de acuerdo a las transformaciones e innovaciones tecnológicas y las circunstancias que posee cada individuo serán determinantes al momento de interactuar en el mundo laboral, serán las que brinden las mismas oportunidades desarrollo y la aceptación de la sociedad.

En este sentido, el siguiente testimonio refiere las reacciones que tienen las personas cuando un sujeto que estuvo en prisión y solicita un empleo.

Participante 2.
Hay muchas personas que no te la reciben o te ven feo o ni siquiera te responden, es más cuando vas a solicitar los antecedentes penales te preguntan, pues la expresión, pues como te diré, te ven feo, si traes o te ven un tatuaje luego luego piensan que eres ex convicto

En este caso el sujeto refiere de manera clara como las personas encargadas de la selección de personal cuando se solicita un empleo y refiere que se estuvo en prisión, por lo tanto, el individuo encargado simplemente lo ignora, no le recibe los documentos, luego entonces no puede obtener un empleo, en este sentido, Subirats, Giménez, Obrador, Giménez, Queralt, Bottos y Rapoport (2004)coinciden con esto, por lo que, el acceso al mercado laboral puede tener diferentes vertientes tales como el desempleo o bien las condiciones precarias en las que se desarrollan las actividades laborales, el siguiente testimonio da cuenta de lo sucedido cuando se solicita un empleo y refiere la estadía en prisión.

Participante 2.
Sí, si siempre lo preguntan cuándo vas a solicitar un empleo, porque luego una expresión dice más que mil palabras y pues tú de inmediato te das cuenta que se molestan y te ven feo...pues luego no te dan el trabajo o no te contratan, pues si te molesta, porque por un papel no te dan el trabajo y pues yo a la mayoría de lugares a los que iba te pedían el papel por eso.

El rechazo laboral de la persona en el ámbito laboral, es evidente pues al momento de referir que es una persona exreclusa, es categorizado como anormal, y no merece la confianza de estar en un empleo, además de considerarlo un sujeto sin los elementos necesarios para desarrollar las actividades, en este sentido Humet, Carmona y Bruge (2005) y Rodríguez (2011), coinciden con lo dicho, pues existen factores por los cuales un sujeto puede ser victimizado por el simple hecho de ser un ex –recluso, de igual manera el tiempo y el espacio son parte fundamental para que un sujeto saliente de prisión sea considerado como una víctima social.

Por ello, la situación vivida por las personas salientes de una cárcel y solicitar una oportunidad de empleo no es otra cosa, más que, un señalamiento guardado y marcado en el interior o exterior de su persona, por lo cual, en ocasiones se orilla al sujeto a la comisión de nuevos delitos o seguir una misma línea delictiva, por lo cual Rodríguez (2006) coincide con lo dicho, pues la víctima no sólo es el sujeto sino todo el conjunto familiar que rodea al sujeto. Los siguientes testimonios refieren que los sujetos que estuvieron en prisión cuentan con los medios necesarios para desempeñar un empleo para con ello lograr el fin del tratamiento penitenciario, la reinserción social.

Participante 1	Participante 2.	Participante 3
Los medios por los que obtuve mi empleo... fue desde el inicio fue más que una postura familiar y el oficio se fue trascendiendo de generación en generación, un familiar fue operador y luego otro y así fue trascendiendo; y después de haber estado en prisión, fíjese que no se me dificulto haber retomado mi oficio porque las personas que me conocían y que creyeron en mí le volvieron a extender la mano y me brindaron el empleo y la confianza de seguir en mi trabajo	Pues por las buenas referencias y este pues más que nada mi buena conducta.	No he buscado, yo ahorita quiero estar con mi familia, y si lo hemos planeado de irme a trabajar a México, por ejemplo, pero como ahorita está mi situación, de que no hay nada quién se quede en la casa pues aquí está muy solo y pues con mi trabajo no tengo inconvenientes porque yo soy mí mismo patrón.

Por ello, el sujeto que estuvo en prisión posee las habilidades y capacidades para desempeñar un trabajo por lo cual debe ser aceptado por el colectivo social y se le brinden las oportunidades necesarias para el desarrollo sociolaboral pleno, Montalvo (2007) Tarlow (2008), concuerdan con esta idea puesto que se debe evitar a toda costa la discriminación de los sujetos en estado de vulnerabilidad y se debe trabajar más por mejorar las condiciones de trabajo mediante las cuales se otorguen las oportunidades de desarrollo con el ánimo de establecer las bases para la formulación de nuevas políticas públicas encaminadas al ámbito laboral en donde se ponga de manifiesto el desarrollo pleno del sujeto.

RECHAZO FAMILIAR.

La familia es uno de los pilares fundamentales de la sociedad, pes es en ella en donde nacen y solidifican los valores y las virtudes que cada individuo posee y que es su carta de presentación ante el colectivo social. Los siguientes testimonios dan cuenta de cómo la familia puede ser un factor determinante para sobrellevar la carga de la estigmatización de los individuos que estuvieron en prisión.

Participante 1.	Participante 2.	Participante 3.
Los cambios -encontró cambios en su familia-, fíjese que no paternalmente y maternalmente no hubo cambios todo fue estabilizado sentimentalmente, familiarmente, ya una vez estando ahí agarramos un ritmo de vida normal, con la idea de que alguien de los suyos estaba ahí pero no... un ritmo de vida que siguió su marcha normal, familiar conyugal e hijos creo que mi esposa fue fuerte y que supo sacar adelante el hogar y más que nada creo que dios le dio la fuerza necesaria para... para marchar adelante	Pues no la misma confianza te ven con recelo	Pues cambios si hubo, puesto que hubo más unión en la familia, comprensión apoyo

Es por ello, que la estigmatización en el ámbito familiar se verá reflejada cuando los integrantes de la familia visualicen en el sujeto atributos o características que expresen un grado de desconfianza por mínimo que este sea, Tarlow (2008). El siguiente testimonio refuerza el dicho, respecto a la estigmatización o rechazo del sujeto que estuvo en prisión por parte de la familia.

Participante 2
Pues nada más los primeros días porque no te sientes en confianza, No se acercan conmigo con la misma confianza, pues si al principio me sentía que ya no me querían, pero con el paso del tiempo se dieron cuenta que yo había cambiado

Por lo tanto, la familia es una de las bases de la sociedad y por ende es quien debe apoyar a toda costa al sujeto que está siendo estigmatizado por el colectivo social.

Con lo anterior, la estigmatización que sufre el sujeto por haber estado en prisión en gran medida surge del colectivo social, pues es quien hace los señalamientos, las marcas y establece las etiquetas sobre el sujeto, Rodríguez (2006), Montalvo (2007) y Tarlow (2008), coinciden con lo expuesto, toda vez que la victimización del sujeto surge a partir de los integrantes de la sociedad que se consideran normales y establecen señales, marcas o características de índole negativa sobre las personas exreclusas.

Es indispensable considerar en la medida en que se le brinden mayores oportunidades de desarrollo sociolaboral y se establezca al trabajo como medio de reinserción en los centros penitenciarios los las personas liberadas gozaran de una segunda oportunidad de pertenecer al colectivo social del que un día decidieron salir, Montalvo (2007) y Artiles, Alos-Moner, Gilbert y Miguélez (2009) coinciden con lo expuesto pues debe existir una igualdad laboral y de trato tanto para las personas consideradas como normales y las anormales (para este estudio las personas privadas de su libertad) y además se debe de considerar al trabajo como un medio terapéutico y de formación en las políticas penitencias, siendo el medio por excelencia mediante el cual se pueden adquirir los hábitos y los valores encaminados a la resocialización social de los sujetos.

Finalmente, la auto estigmatización del sujeto mismo es otro de los aspectos que impiden la integración del sujeto en el ámbito laboral, debido a la actitud de la persona por no tener la capacidad y las habilidades para desempeñar una actividad o empleo, por lo cual traerá consigo un rechazo social generalizado generando a toda costa la reincidencia en las conductas delictivas.

V. CONCLUSIONES

Del análisis sobre la estigmatización en el campo laboral hacia personas liberadas de centros penitenciarios se obtienen los siguientes puntos conclusivos.

Primero. En un primer momento los sujetos que salen de prisión consideran que son estigmatizados por la sociedad por el simple hecho de ser personas liberadas.

Segundo. El rechazo social que sufren las personas liberadas se deriva del etiquetamiento que el colectivo social hace de la persona una vez que sale de prisión.

Tercero. El sujeto liberado vive un momento de autorechazo cuando se considera como un mal elemento social y por ende merece el castigo social por haber faltado a las normas establecidas.

Cuarto. El sujeto que sale de prisión no goza de las mismas oportunidades en el ámbito laboral por ser considerado como una persona anormal.

Quinto. La persona liberada posee una carga considerable de estigmas, señalamientos y etiquetas que el colectivo social le impone y por lo tanto no tiene las mismas oportunidades para un desarrollo sociolaboral.

Sexto. El sujeto que sale de prisión es considerado como una víctima social toda vez que no se le otorgan las mismas oportunidades de desarrollo.

Septimo. El trabajo debe ser considerado como un medio por el cual se alcance la reinserción social del sujeto para que se le brinde una segunda oportunidad en el mercado laboral.

Octavo. El trabajo es considerado como un medio terapéutico y formación mediante el cual se pueden fortalecer los valores y mediante la repetición se generen hábitos que le permitan a la persona liberada una reinserción social plena.

Noveno. Los factores que impiden la integración laboral de los ex –reclusos, son el rechazo social, el autorechazo el rechazo familiar y por consiguiente el rechazo laboral.

Decimo. El trabajo es el elemento más favorable para que el ex –recluso logre una reinserción social favorable a través de una buena selección del empleo, así como de generar convenios con instituciones que brinden la capacitación y adiestramiento necesario para elevar la calidad del trabajo

Referencias

Aristegui, I., Vázquez, M., Dorigo, A., & Lucas, M. (2012). Percepciones y experiencias sobre estigma y discriminación en poblaciones trans, HSH y usuarios de drogas. *Fundación Huésped en colaboración de Red de personas viviendo con VIH del Mar de Plata.*

Artiles, A. M., D, A.-M. R., Miguélez, L. F., & Gibert, B. F. (2009). ¿Sirve el trabjo penitenciario para la reinserción? Un estudio a partir de la opiniones de los presos de las cárceles de Cataluña. *Revista Española de Investigaciones Sociológicas REIS*(127), 11-31.

Barrón, C. M. (2008). El tratamiento penitenciario: el mito del Disurso. *Revista CENIPEC*(27), 11-43.

Callejas, F. L., & Piña, M. C. (2005). La estigmatización social como factor fundamental de la discriminación juvenil. *El cotidiano Universidad Autónoma Metropolitana,* 64-70.

Comisión Nacional de los Derechos Humanos. (2019). Criterios para un sistema orientado al respeto de los Derechos Humanos, Un Modelo de reinserción social. *Bases para la prevención terciaria, Planteamientos específicos.* CNDH-México. Obtenido de https://www.cndh.org.mx/sites/default/files/documentos/2019-07/modelo-reinsercion-social.pdf

Cuevas, H. A. (2010). Jefas de familia sin pareja: estigma social y autopercepción. *Estudios Sociológicos, XXXVIII*(84), 753-789.

Goffman, E. (2006). *Estigma: la identidad deteriorada.* Buenos Aires : Amorrortu.

Hernandez, M. (2010). La reinserción social. *La reinserción social en Puebla,* 13. Puebla: H. Congresos del Estado de Puebla.

Humet, J., Carmina, G. r., & Brugué, T. J. (2005). *Análisis de los factores de exclusión social.* Cataluña: Fundación BBVA.

Instituto Nacional de Estadistica y Geografía. (2011). *Encuesta Nacional de Victimización y Percepción sobre Seguridad Pública 2011.* México : INEGI.

Luna, L., & Luna, L. A. (2011). ¿Implementación de la reinserción en México? o ¿Continuum del paradigma de readaptación social? *Revista Científica electrónoca de Psicología,* 147-157.

Manzanera, L. R. (2011). *Criminología Clínica.* México: Porrúa, Sexta edición.

Marín, A. A., R, A.-M., Gibert, F., & Miguelez, F. (2009). Política de reinserción y funciones del trabajo en las prisiones, El caso Cataluña. *Política y Sociedad,* 221-265.

Martínez, S. V. (s/f). Víctimas y justicia penal. *Sociedad Méxicana de Victomología,* 213-236.

Monroy, P. J., Ruíz, D. M., & Gaona, A. (2010). Perspectiva comunitaria sobre estigma y discriminación en personas que viven con VIH y SIDA en Paraguay. *Fundación Vencer,* 32.

Montalvo, R. J. (2007). Igualdad laboral y no discriminación en el contexto mexicano. *Anuario Jurídico Escurialense XL,* 229-242.

Ordaz, D. H., & Cunjama, L. E. (2008). La figura del juez de ejecución de sanciones penales. *ITER CRIMINIS. Revista de Ciencias penales*(6. Cuarta Epoca INACIPE), 125-143.

Ordaz, H. D., & Cunjama, L. E. (2009). Escuela, Control social y Violencia. *Revista Criminología y sociedad,* 1-25.

Pérez, R. L. (2009). Posibilidades y alcances de la reinserción social, una mirada desde los discursos de los adolescentes. *El Observador*(3 Tercera publicación), 63-75.

Ponce, M. M. (2004). Victimología: estudio de las víctimas y su relación con el delito. *Universitat de Valencia, Lima,* 1-15.

Rodríguez, O. (2006). *Importancia de un sistema de justicia para las víctimas de Michoacán.* Morelia: Universidad Michoacana de San Nicolas de Hidalgo.

Ruiz, J. I. (2010). Actitudes sociales hacia ex reclusos: un estudio exploratorio. *Suma Psicológica* , 169-177.

Ruiz, O. J. (2006). *Metodología de la investigación cualitativa.* Bilbao: Universidad de DEusto.

Setton, D. A. (2008). Estigmatización, Resiliencia e integración en jóvenes en estado de vulnerabilidad. *Trabajo, Educación y Exclusión social*, 235-252.

Subirats, J., Riba, C., Gímenez, L., Obradors, A., María, G., Queralt, D., & otros. (2004). Pobreza y exclusión social, Un análisis de la realidad española. *Fundación de la Caixa, Barcelona,* 1-35.

Tarlow, M. S. (2008). El rol del empleo en el proceso de reiserción social: la experiencia del Cemtro de Oportunidades para el Empleo, CEO de Nueva York. *Debates penitenciarios* , 1-26.

Torregrosa, D. J. (2007). Retos y realidades de la inserción sociolaboral. *Revista Española del Tercer Sector*(85), 85-109.

Valdés, M. C. (2008). *Metodología de la investigación y manejo de la información.* Bogotá: Fiscalía Especial de la Nación, Nivel Central, D. C.

Capítulo 4.

LA JUSTICIA RESTAURATIVA EN EL SISTEMA PENAL EN MÉXICO

RAFAEL SANTACRUZ LIMA.
RAÚL H. ARENAS VALDES.
GUSTAVO AGUILERA IZAGUIRRE.[1]

I. INTRODUCCIÓN

El control social tiene como finalidad estudiar los métodos que una sociedad emplea para regular el comportamiento de sus integrantes, con la intención de preservar el orden y la armonía social. Este control puede ser informal, basado en normas no escritas y expectativas que son transmitidas a través de la familia, amigos u otros grupos sociales; o formal, el cual se aplica mediante leyes y reglas impuestas por instituciones como la policía y los tribunales.

El objetivo del control social es asegurar que las personas sigan las normas y reglas establecidas, con el fin de lograr el orden y la estabilidad en la comunidad. Al promover el cumplimiento de estas normas, el control social busca prevenir comportamientos que puedan causar conflictos o poner en riesgo la tranquilidad y convivencia social. Además de proteger a la sociedad de actos que podrían ser perjudiciales, el control social ayuda a fortalecer la cohesión social y la confianza en las

1 Profesores investigadores de Tiempo Completo en la Facultad de Derecho de la Universidad Autónoma del Estado de México (UAEMex). Integrantes del Cuerpo Académico "Justicia Penal y Buen Gobierno".

instituciones, promoviendo valores compartidos y facilitando un desarrollo equilibrado.

Aunque México cuenta con un marco normativo y estructuras establecidas para el control social y la justicia, se enfrenta a serios problemas que comprometen su efectividad. La corrupción, las disparidades sociales, la violencia y la insuficiencia de recursos son barreras cruciales que requieren soluciones a través de reformas profundas, una mayor transparencia y el fortalecimiento de las instituciones responsables.

Por todo lo anterior, podemos decir que el control social en la justicia penal para explicar la justicia restaurativa surge como una alternativa en los sistemas penales al enfocarse en la reparación del daño y la reintegración social, involucrando a víctimas y ofensores en un proceso más participativo. En México, su implementación supone un desafío para un sistema penal que tradicionalmente ha priorizado el castigo y la reclusión, es decir, el modelo invita a replantear las formas de control social, cuestionando cómo se ejercen y reorganizan las relaciones de poder en los ámbitos judicial y penitenciario.

II. ANÁLISIS DEL CONTROL SOCIAL

El control social se refiere a las diversas formas en que una sociedad regula y orienta el comportamiento de sus miembros para buscar el cumplimiento de las normas y valores establecidos (Bustos, 2008, p. 19). Su propósito principal es mantener el orden, la cohesión y la estabilidad dentro de una comunidad, incentivando la conformidad con lo que se considera socialmente aceptable.

Encontramos diferentes tipos de control social:

En un primer escenario, encontramos al control social informal, se refiere a las reglas no escritas y expectativas que las personas siguen de manera cotidiana. Este tipo de control se ejerce por medio de instituciones informales como la familia, la escuela, la religión, los amigos, y los medios de comunicación. Las sanciones en este caso suelen ser sociales, como la desaprobación, la vergüenza o el rechazo (Bustos, 2008, p. 19). En un segundo momento, encontramos al control formal, es aquel que involucra leyes, reglamentos y normas impuestas por instituciones oficiales, como, políticas públicas la seguridad pública y el sistema judicial. En tal sentido, las sanciones son más rígidas y pueden incluir multas, y por supuesto, la prisión u otras medidas legales.

El control social es clave para garantizar una convivencia armónica, ya que guía las conductas de los individuos y previene situaciones que puedan generar desorden o conflictos. Sin estos mecanismos, las normas jurídicas que rigen la vida en sociedad perderían fuerza, afectando la estabilidad y el bienestar colectivo, generando un clima de conflicto (Tenorio, 2005, p. 96). El control social abarca tanto los mecanismos que una población emplea para lograr que sus integrantes cumplan con las normas y principios establecidos, como las maneras en que reacciona ante las transgresiones. En este contexto, se divide en dos aspectos (Tenorio, 2005, p. 96):

Por lo tanto, el control social se centra en lograr que los individuos acepten los valores sociales como propios. Se subdivide en (Tenorio, 2005, p. 96):

a) Control social formal, cuyo propósito explícito es garantizar la conformidad social.

b) Control social informal, donde el control no es el objetivo principal pero influye en la conformidad, como en el caso de la familia o la escuela (Bustos, 2008, p. 19).

De tal manera, se acepta que el sistema penal forma parte de los elementos de control social que dispone el Estado para amenazar comportamientos sociales que se conciben como indeseables, desde luego considerando lo relativo de las circunstancias históricas y culturales (Resta, 2005, p. 76). El sistema penal se distingue, de otros medios de control social, por ser altamente formalizado y aplicar a las penas como consecuencia jurídica. Por su importancia política el Estado moderno lo monopolizó, a él se le transfirieron diferentes tipos de conflictos con la finalidad que les diera solución, o bien, que los gestionara, esto es, su administración, al mismo tiempo el Estado se apropió la facultad de castigar (Lea, 2016, p. 59).

El sistema penal es un instrumento fundamental de organización social porque cumple varias funciones esenciales para mantener el orden y la seguridad en la sociedad. A continuación, se presentan algunas razones por las cuales el sistema penal es importante, porque busca el mantenimiento del orden público, es decir, el sistema penal ayuda a mantener el orden público al establecer normas y sanciones para aquellos que violan las leyes; y también la protección de los derechos y libertades: El sistema penal protege los derechos y libertades de los ciudadanos al sancionar a aquellos que cometen delitos que atentan contra ellos.

El sistema penal es un instrumento fundamental de organización social, ya que establece un conjunto de reglas que determinan cuáles comportamientos son aceptables y cuáles no dentro de una sociedad. Al definir ciertas acciones como delitos y asignarles sanciones, el derecho penal busca regular la conducta humana para asegurar una convivencia armónica. Su función principal es disuadir a las personas de cometer actos que puedan perjudicar a otros o al orden social, como el homicidio, el robo o el fraude, protegiendo así bienes esenciales de la sociedad (Lea, 2016, p. 59).

A través de la imposición de castigos, como la cárcel o multas, el derecho penal tiene un efecto preventivo, ya que al sancionar a quienes infringen la ley, disuade a otros de hacer lo mismo. Este sistema no sólo sanciona las conductas delictivas, sino que envía un mensaje a la sociedad sobre las consecuencias de violar las normas, promoviendo así el respeto por el orden establecido. En este sentido, cumple una función ejemplarizante al mostrar que el rompimiento de las normas jurídicas trae consigo sanciones por el Estado (Lea, 2016, p. 59).

Además, el derecho penal contribuye a reafirmar la autoridad del Estado y el sistema de justicia, lo que refuerza la confianza de la sociedad en que las leyes serán aplicadas de manera justa y equitativa. Así, actúa como un mecanismo de control que busca garantizar la tranquilidad, la seguridad y la paz dentro de la comunidad, es decir, que el derecho penal desempeña un papel clave en fortalecer la autoridad del Estado y la credibilidad en el derecho penal (Lea, 2016, p. 59).

Por lo tanto, al garantizar que las leyes se apliquen de manera imparcial y justa, las personas confían en que el orden será mantenido y que quienes cometan delitos enfrentarán sanciones adecuadas, de tal manera que este proceso refuerza la credibilidad de las instituciones encargadas de impartir justicia. Así, el derecho penal no solo castiga a quienes incumplen la ley, sino que también contribuye a preservar la seguridad, el orden y la estabilidad social, al regular la conducta de los individuos (Bacigalupo, 2009, p. 67).

El derecho penal contribuye a preservar la seguridad pública al actuar como un factor disuasivo para evitar que las personas cometan delitos, estableciendo sanciones para aquellos que violan las leyes y protegiendo bienes jurídicos fundamentales como la vida, la libertad y la propiedad. También busca prevenir la comisión de delitos a través de la creación de leyes y regulaciones que establecen límites claros para la conducta humana.

Así las cosas, dada esta forma de reacción, a partir, fundamentalmente, de la revolución francesa se pretende delimitar de la mejor manera posible el castigo, de tal forma que las reglas que se establecen en este sentido se instituyen como defensa del ciudadano frente al poder sancionado, jurídicamente reconocido, del Estado (Mir, 2009, p. 5). Las normas que regulan esta potestad del Estado y las que la limitan integran el derecho penal, en este sentido se concibe como mecanismo punitivo institucionalizado, integral y formalizado" (Bustos, 2008, p. 59).

Por ello, a las normas jurídico penales se exigen condiciones que no tienen otras ramas del derecho, como son, entre otras, la necesidad de que se determine de manera precisa que las conductas son constitutivas de delito y qué sanción se debe imponer. En dichos requisitos estriba el carácter eminentemente formal, como control social, del derecho penal (Mir, 2009, p 6).

Cuando hay una clara resistencia por parte de la persona a la que se suponen que debes obedecer con la intención de generar una correcta coerción penal, surge la interrogante de cómo debe reaccionar y decidir, para lograr la tranquilidad, el *ius puniendi* frente a otros sistemas de control social es simplemente que formaliza el control, así en la medida de lo posible se la subjetividad se va eliminando, es decir, y que constituyen formas, comportamientos, manifestaciones y alteraciones de conductas, actuaciones y formas de control social. Los controles sociales legales y penales también son controles normativos y se implementan a través de un conjunto de reglas creadas previamente para este propósito (Muñoz, 2012, p. 30).

III. SISTEMA PENAL EN MÉXICO

El sistema penal es un conjunto de estructuras y procedimientos destinados a abordar las conductas delictivas y asegurar que se haga justicia, es decir, su principal propósito es mantener el orden social y manejar las infracciones a la ley (Bustos, 2008, p. 59). El sistema penal se ha creado con el propósito de abordar y gestionar las conductas delictivas, desempeñando un papel crucial en la sociedad.

Su estructura está diseñada para mantener el orden social, asegurando que se apliquen las leyes que definen qué conductas se consideran delitos y estableciendo las sanciones correspondientes. Esto ayuda a prevenir el crimen al disuadir a las personas de cometer delitos mediante la imposición de penas. Además, el sistema penal proporciona un marco formal para el juicio de los acusados, buscando que el proceso sea eficiente y que se respeten en todo momento las garantías de todas las partes involucradas. Esto incluye principios importantes, para asegurar que las pruebas sean evaluadas de manera equitativa (Orellana, 2016, p. 123).

También, el sistema penal, busca prevenir que se realicen conductas mediante la implementación de políticas de seguridad, programas educativos sobre el respeto a la ley y la presencia activa de las fuerzas del orden. La prevención puede involucrar medidas como patrullajes, campañas de concienciación y la creación de entornos que desalienten el crimen.

Cuando se detecta una conducta delictiva, el sistema penal se encarga de indagar, enjuiciar y, en su caso, imponer una pena a los responsables. Esto implica la recolección de pruebas, la conducción de juicios y la imposición de penas, que pueden incluir multas, encarcelamiento u otras sanciones, que dependerá de la forma en cómo se manifieste la conducta delictiva y la legislación vigente (Orellana, 2016, p. 123).

Los componentes del sistema penal son (Orellana, 2016, p. 123):

a) Legislación Penal: Conjunto de leyes que define qué acciones se consideran delitos y establece las sanciones correspondientes para cada tipo de infracción.

b) Policía: Encargada de prevenir delitos, investigar crímenes y detener a los sospechosos de haber cometido delitos.

c) Fiscalía: Institución responsable de conducir las investigaciones, presentar cargos contra los acusados y representar al Estado en los procedimientos judiciales.

d) Tribunales: Órganos judiciales que evalúan los casos penales y emiten sentencias basadas en las pruebas presentadas durante el juicio.

e) Sistema Penitenciario: Instituciones encargadas de la custodia y rehabilitación de las personas condenadas, con el objetivo de facilitar su reintegración en la sociedad.

f) Defensa: Abogados que defienden las garantías de los acusados y aseguran que se respete el debido proceso durante el juicio.

En conjunto, el sistema penal tiene como finalidad de preservar la tranquilidad y la estabilidad social al asegurar que se respeten las leyes. Además, se enfoca en hacer justicia al garantizar que tanto las víctimas como los acusados reciban un trato justo, mientras se protege y se promueve el respeto a los derechos humanos a lo largo del proceso legal (Orellana, 2016, p. 123).

La percepción del sistema penal en México es influenciada por varios factores que afectan cómo se ve su funcionamiento y eficacia:

- Desconfianza General: Muchos ciudadanos ven el sistema penal como corrupto y poco fiable. La falta de transparencia y las prácticas corruptas dentro de las instituciones judiciales contribuyen a una baja confianza en su capacidad para impartir justicia de manera imparcial.
- Alta Impunidad: Existe una percepción extendida de que muchos crímenes quedan sin castigo. La elevada tasa de impunidad, donde las investigaciones y juicios no logran llevar a los culpables ante la justicia, genera escepticismo.

- Ineficiencia Judicial: Las demoras y la complejidad en los procesos judiciales son comunes, lo que provoca que el sistema sea visto como lento e ineficaz. Esta burocracia puede frustrar tanto a las víctimas como a los acusados, afectando la percepción del sistema.
- Condiciones Carcelarias: Las malas condiciones en los centros penitenciarios, como la sobrepoblación y la falta de programas de rehabilitación adecuados, también afectan negativamente la imagen del sistema penal. Las deficiencias en el tratamiento de los reclusos contribuyen a una visión negativa del sistema.

En tal sentido, la desconfianza hacia la policía en México tiene raíces profundas en factores históricos, sociales y estructurales, es decir, de los elementos más señalados es la percepción de corrupción, donde la población sospecha que muchos oficiales están involucrados en actividades ilegales, desde aceptar sobornos hasta colaborar con el crimen organizado. Esto debilita seriamente la confianza pública en la institución.

A la corrupción se le suma la impunidad, ya que muchas veces no hay sanciones para los policías que cometen delitos o abusos, lo que contribuye a la percepción de que la policía actúa sin control ni supervisión. Los episodios de abuso de poder, como detenciones injustificadas o el uso excesivo de la fuerza, son otro factor que incrementa el escepticismo ciudadano.

Asimismo, la percepción de ineficacia policial es muy extendida, pues a menudo se considera que la policía no cuenta con los recursos, la formación o el compromiso necesarios para enfrentar al crimen de manera efectiva. En ciertas regiones, la policía está vinculada con el crimen organizado, lo que genera aún más desconfianza al verla como parte del problema. En tal sentido, la percepción de ineficacia de la policía puede estar influenciada por varios factores, entre ellos, la corrupción, es decir, dentro de las fuerzas policiales genera desconfianza. Si la población percibe que los policías están coludidos con el crimen o son sobornados, su efectividad como garantías de la ley se ve comprometida.

En tal sentido, se debe buscar en todo momento la protección de la comunidad es otra función clave del sistema penal, es decir, al sancionar conductas delictivas, contribuye a la seguridad pública y toma medidas preventivas para minimizar el riesgo que los delincuentes puedan representar para la sociedad, es decir que generen un clima de inseguridad e intranquilidad.

Por lo tanto, sancionar los delitos es esencial para la seguridad pública porque refuerza el respeto por el estado de derecho y disuade a las personas de cometer actos ilícitos. Al imponer consecuencias a quienes infringen la ley, se establece un precedente claro de que las acciones delictivas no quedarán sin castigo, lo cual contribuye a reducir la impunidad y fomenta el cumplimiento de las normas legales.

Por lo tanto, el sistema penal también se encarga de la detección y persecución de delitos, trabajando a través de fuerzas de seguridad y agencias investigativas para indagar a los responsables y llevarlos ante los tribunales. Las sanciones impuestas pueden variar desde multas y trabajos comunitarios hasta penas.

En tal sentido, podemos decir que la justicia restaurativa como elemento del sistema penal en México, tiene como objetivo principal enfocarse en la reparación del daño causado, la reintegración de quien comete el delito y el involucramiento de la víctima en el proceso, es decir, a diferencia del modelo punitivo, que privilegia el castigo, este enfoque busca restablecer las relaciones afectadas por el crimen, promoviendo el diálogo entre las partes y la comunidad. Sus funciones clave incluyen:

- Reparación del daño: El infractor asume la responsabilidad de sus acciones y se compromete a compensar a la víctima ya sea mediante una disculpa, un acuerdo económico, o acciones que las partes consideren justas.

- Reintegración social del infractor: Se busca que la persona que cometió el delito aprenda de su error y pueda reincorporarse a la sociedad, reduciendo así las posibilidades de reincidencia.
- Involucramiento activo de la víctima: En este proceso, la víctima tiene un rol activo, pudiendo expresar sus necesidades y ser parte de la solución lo que les otorga una mayor sensación de justicia.
- Descongestión del sistema penitenciario: La justicia restaurativa ayuda a reducir el número de personas en prisión al ofrecer alternativas como la mediación y acuerdos restaurativos.

IV. REALIDAD DE LA JUSTICIA RESTAURATIVA EN EL CONTROL SOCIAL EN MËXICO

El control social en México se refiere a los métodos que el Estado y la sociedad utilizan para regular el comportamiento y mantener el orden. A lo largo del tiempo, estos mecanismos han sido moldeados por cambios históricos, políticos y sociales, y aunque existen tanto formas formales como informales de control, en la realidad su efectividad enfrenta diversas complicaciones.

Dentro de los problemas del control social en México, encontramos los siguientes:

- Corrupción en las instituciones: Las instituciones encargadas de garantizar el control social, como el sistema judicial y las fuerzas del orden, están a menudo afectadas por la corrupción. Esto hace que las leyes no se apliquen de manera equitativa y que los sectores más vulnerables sufran las consecuencias de una justicia selectiva. Este problema fomenta la desconfianza en la capacidad del Estado para garantizar justicia y orden.

- Impunidad y altos niveles de violencia: Un factor clave que debilita el control social en México es la alta tasa de impunidad. Una gran parte de los delitos no se investigan o no se resuelven, lo que deja a los ciudadanos sin acceso a una justicia efectiva. La violencia, particularmente relacionada con el crimen organizado, agrava esta situación, ya que en muchas zonas del país, los grupos delictivos han establecido sus propias reglas, debilitando aún más la autoridad del Estado (Índice de percepción de la corrupción, 2023).
- Militarización de la seguridad pública: La intervención del ejercito en funciones de seguridad pública, especialmente a través de la Guardia Nacional, ha sido una respuesta del Estado para tratar de controlar la violencia. Sin embargo, esto ha generado críticas debido a abusos de poder y violaciones a los derechos humanos. En vez de aumentar la sensación de seguridad, esta estrategia ha generado tensiones entre las comunidades y las fuerzas del orden (Índice de percepción de la corrupción, 2023).
- Desigualdad y mecanismos informales de control: La profunda desigualdad social en el país ha llevado a que muchos sectores recurran a sistemas de justicia y control no oficiales, como la justicia comunitaria o los grupos de autodefensa. Estos mecanismos informales suelen surgir en zonas donde el Estado tiene poca presencia, dejando un vacío que es llenado por la propia comunidad o por actores ilegales (INEGI, 2023).
- Medios de comunicación y manipulación de la información: Los medios juegan un papel importante en la creación de normas y comportamientos sociales, pero en

México muchos medios están controlados por intereses privados que responden a agendas políticas o económicas. Esta concentración de poder mediático puede distorsionar la percepción pública de los problemas, creando polarización y desinformación, lo que a su vez afecta la cohesión social (INEGI, 2023).

- La realidad de los mecanismos de control social en México ha llevado a una profunda desconfianza en las instituciones públicas. La población no percibe que el sistema funcione de manera justa, lo que disminuye la legitimidad del Estado. Además, al no sentirse protegidos, muchos ciudadanos optan por buscar alternativas fuera del sistema formal, lo que fragmenta aún más el control social y debilita la cohesión social (Rodríguez 2020, 89).
- Redes sociales: Las redes sociales también han comenzado a tomar un rol trasendente en el control social, pero con desafíos propios. Aunque ofrecen una plataforma para la libre expresión, también se utilizan para la divulgación de noticias falsas y mensajes de odio, lo que a veces amplifica los conflictos sociales en lugar de contribuir a su resolución.

En tal sentido, la combinación de corrupción, impunidad y desigualdad ha generado fuerte desconfianza hacia las instituciones que se encargan de garantizar el control social. Muchas personas perciben que el sistema legal y las fuerzas de seguridad no están a su servicio, sino que protegen a los poderosos, lo que provoca una crisis de legitimidad en el Estado. La desigualdad económica provoca inestabilidad en la sociedad porque divide a la población en La desconfianza hacia las instituciones en una sociedad marcada por la desigualdad surge porque muchas personas sienten que estas no operan de manera justa o equitativa, por existir una sensación de favoritismo y de la mala distribución de servicios públicos.

Ante la falta de confianza en las instituciones formales, muchas comunidades optan por formas de resistencia, como la organización de sistemas de autodefensa o la aplicación de justicia comunitaria. Esto fragmenta aún más el control social, al existir diferentes normas y estructuras de poder en diferentes regiones del país (INEGI, 2023). La resistencia social en México sigue siendo un aspecto relevante de la vida política y social del país.

Diferentes movimientos continúan alzando la voz frente a desafíos persistentes como la corrupción, la violencia y la desigualdad, en particular, la seguridad sigue siendo un tema central de protesta debido a la violencia vinculada con el crimen organizado. Comunidades organizadas en varias regiones del país están demandando una mayor protección y enfrentando tanto a los grupos criminales como a las deficiencias del gobierno en garantizar la seguridad.

En algunas áreas rurales, los movimientos de autodefensa han surgido como respuesta a esta situación, las protestas feministas también son prominentes, enfocándose en la violencia de género y los feminicidios. Grupos como "Ni Una Menos" y "Marea Verde" continúan organizando manifestaciones para exigir justicia para las víctimas y una mayor protección para las mujeres, así como la despenalización del aborto en todo el país (INEGI, 2023).

En tal sentido, la incapacidad del Estado para garantizar un control social efectivo y justo en todo el territorio provoca un debilitamiento de su autoridad, especialmente en zonas controladas por actores no estatales, como el crimen organizado. Esto pone en riesgo la cohesión social y el Estado de derecho, ya que existen múltiples formas de regulación social que no siempre están alineadas con los principios constitucionales.

La desigualdad económica en México es un grave problema social debido a sus múltiples repercusiones, una de ellas es la tremenda franja de desigualdad producto de la pobreza, lo que limita su acceso a recursos esenciales como educación, salud y vivienda, perpetuando ciclos de exclusión y falta de movilidad social. La población que vive en vulnerabilidad enfrentan barreras que dificultan su acceso a mejores oportunidades laborales y educativas, lo que refuerza la mala distribución del recurso económico.

Esto genera tensiones y frustración en la sociedad, al tiempo que provoca la exclusión de sectores importantes, afectando la cohesión social y limitando el sentido de comunidad. Además, la desigualdad contribuye a la inestabilidad social, ya que las diferencias económicas extremas suelen estar relacionadas con el incremento de los índices delictivos e inseguridad. A largo plazo, la captación de la riqueza en algunas personas también frena el desarrollo de la economía, porque un indicador para ello sería que se carece del poder adquisitivo necesario para apoyar la demanda de bienes y servicios.

En tal sentido, la desigualdad económica y social es un problema crónico en México, lo que genera que los mecanismos formales que buscan la tranquilidad y estabilidad en la sociedad, en el sistema de justicia penal, no lleguen de manera equitativa a todas las regiones del país, en muchas comunidades rurales y marginadas, el Estado tiene poca o nula presencia. La desigualdad económica provoca inestabilidad en la sociedad porque divide a la población en grupos con condiciones muy desiguales, lo que puede generar tensiones y conflictos, es decir, uno de los principales problemas es la percepción de injusticia.

La justicia restaurativa en el control social de México enfrenta una realidad compleja, caracterizada por retos que han dificultado su implementación a gran escala. Aunque está reconocida en las leyes mexicanas, su aplicación efectiva se ve obstaculizada por varios factores como pueden ser, la insuficiencia de recursos y formación, las instituciones encargadas de promover la justicia restaurativa carecen, en muchos casos, de personal capacitado y de los recursos necesarios para llevar a cabo los procesos de manera adecuada.

De igual manera, la justicia restaurativa enfrenta una resistencia al cambio, es decir, el sistema penal mexicano, basado históricamente en el castigo, muestra dificultades para adoptar un enfoque restaurativo. Muchos operadores del sistema aún ven el encarcelamiento como la principal respuesta ante los delitos. También existe un impacto de la desigualdad, en un país con amplias brechas sociales, la justicia restaurativa no siempre llega a las víctimas y comunidades más vulnerables, quienes a menudo no tienen acceso a los recursos o la información necesaria para participar en estos procesos.

V. CONCLUISIONES

A manera de conclusión, el control social y el sistema penal son componentes esenciales para garantizar el orden en cualquier sociedad. A través de ellos, se regula la conducta de los individuos, aunque cada uno actúa de manera distinta. El control social se refiere a los medios que utiliza el estado para que sus habitantes se ajusten a las normas y valores compartidos. Este control puede manifestarse de manera informal, mediante las interacciones cotidianas dentro de la familia, los amigos o la comunidad, donde las personas ajustan su comportamiento en respuesta a la aprobación o desaprobación de los demás.

De este modo, las críticas, la presión social o el rechazo colectivo constituyen un rol importante en la regulación de la conducta sin necesidad de sanciones oficiales, es decir, el control social formal es ejercido por instituciones como las de seguridad pública, los poderes judiciales y el sistema judicial; las instituciones aplican las leyes de manera directa cuando alguien transgrede las normas establecidas.

En estos casos, las sanciones pueden incluir desde multas hasta penas de cárcel, y su objetivo es tanto castigar como prevenir futuras violaciones; este control formal es parte integral del sistema penal, el cual se encarga de manejar las infracciones de manera estructurada, es decir, el sistema penal no solo busca castigar a quienes cometen delitos, sino también prevenir nuevas infracciones mediante la amenaza de sanciones. Asimismo, a través de los juicios y sentencias, se procura la rehabilitación de los infractores, con la intención de reintegrarlos a la sociedad de manera efectiva.

En conjunto, tanto el control social como el sistema penal desempeñan funciones complementarias que aseguran la estabilidad y la convivencia pacífica. El control social, con su aspecto informal, regula comportamientos cotidianos mediante la influencia de la comunidad, mientras que el sistema penal garantiza que las violaciones graves de las normas sean sancionadas de forma adecuada. Ambos mecanismos son indispensables para preservar el orden, proteger los derechos de los ciudadanos y mantener un equilibrio entre la justicia y el bienestar social.

Por todo lo anterior, la justicia restaurativa en México ofrece una valiosa oportunidad para reformar el sistema penal y el control social, centrándose en la reparación del daño y la reintegración de los infractores. Sin embargo, su implementación se ve limitada por varios desafíos, como la falta de recursos adecuados, la resistencia de las instituciones y la desigualdad en el acceso a la justicia. A pesar de su potencial para disminuir la reincidencia y fomentar la cohesión social, es esencial llevar a cabo cambios estructurales y un compromiso continuo para que la justicia restaurativa pueda ser plenamente efectiva en el sistema penal en México.

FUENTES DE INFORMACIÓN

Bacigalupo, E. (2009). Derecho penal. Parte general, (2ª. ed.), Hammurabi.

Bustos, J. y Hernán M. (2008). Nuevo sistema de derecho penal", Trotta.

Bustos, Ramírez, Juan. (1983). Estado y control: la ideología del control y el control de la ideología, en El pensamiento criminológico, Temis.

Lea, J. (2016). Delito y modernidad. Nuevas argumentaciones en la criminología realista de izquierda, trad. de Alejandro Piombo, Ediciones Coyoacán.

Mir, S. (2009). Derecho penal. Parte general, (5ª. ed.), Reppertor.

Muñoz, F. y Mercedes A. (2012). Derecho penal. Parte general, (5ª. Ed.), Tirant lo Blanch.

Orellana, O. (2016). Seguridad Pública. Profesionalización de los policías. (2ª ed.), Porrúa.

Instituto Nacional de Estadística y Geografía (INEGI) (2023), Informe sobre criminalidad y seguridad. www.inegi.org.mx

Instituto Nacional de Estadística y Geografía (INEGI) (2023), Encuesta Nacional de Seguridad Pública Urbana. www.inegi.org.mx

Rodríguez, F. (2020). La seguridad en México: un análisis de las políticas públicas. Editorial XYZ.

Jakobs, G. (2007) Derecho penal. Parte general. Fundamentos y teoría de la imputación,(2ª. ed.), trad. de Joaquín Cuello Contreras, Marcial Pons.

Mir, S. (2003) Introducción a las bases del derecho penal, Paidos.

Resta E. (2005) La certeza y la esperanza. Ensayo sobre el derecho y la violencia, Paidós.

Pratt, J. (2016). Castigo y civilización. Una lectura crítica sobre las prisiones y los regímenes carcelarios, trad. de Gabriel Zadunaisky, Gedisa, 2016.

Transparencia Internacional. Índice de Percepción de la Corrupción (2023): Resultados de México. Transparencia Internacional. https://www.transparency.org

Tenorio F. (2005) La utopía de la exclusión, en La experiencia del penitenciarismo contemporáneo. Aportes y expectativas, Comisión Nacional de Derechos Humanos.

Von, F. (2003). Tratado de derecho penal, trad. de Quintiliano Saldaña, Tribunal Superior de Justicia del Distrito Federal.

Capítulo 5.

LA IMPORTANCIA DE LA MECÁNICA DE HECHOS: CLAVE EN LA TEORIA DEL CASO EN EL SISTEMA DE JUSTICIA PENAL

GREGORIO RAMÍREZ GUTIÉRREZ[1]

I. INTRODUCCIÓN

En el presente capítulo pretende destacar la importancia de las pruebas periciales en el modelo acusatorio penal en Mexico, en relevancia de la prueba pericial de mecanica de hechos, ya que la necesidad de reconstruir el hecho, mediante la mecánica de hechos dentro del proceso penal Mexicano, este sin duda, es la pericial que como mínimo se debe práctica dentro de lo delitos considerados como graves, y es para que en su momento se pueda esclarecer el hecho que la ley señala como delito y demostrar que el imputado, lo cometió o participo en el hecho delictuosos.

Para estudiar esta pericial, tenemos que entender que es una herramienta importante para el órgano ministerial dentro de una investigación criminal, ya que le auxilia en determinar, como se realizó el hecho, así como por quien lo cometido, en base a los indicios encontrados en la escena del crimen, y des-

---

1 Profesor de Tiempo completo de la Universidad Autónoma de Baja California ORCID ID: 0009-0008-3969-8860

de esta óptica, debemos entender que el perito, es el experto que le ayudaria en la reconstrucción del hecho en búsqueda de la verdad.

Por lo que es importante hablar de la mecánica de hechos, ya que nos va ayudar a buscar la verdad histórica del hecho, y que no sea solo para obtener datos para imputar, ya que esta mecánica, no la elabora el Agente del Ministerio Público, sino el testigo experto, que al final ayudara para la realización de una correcta Teoría del caso, y evite el tunel perifico erroneo que pudiera tener; porque la interpretación de la escena del crimen, que pudiera hacer el Ministerio Publico, puede estar mal, desde la etapa de investigacion, y no por eso, debe de concluir en la etapa de juicio oral, de la misma forma, recordemos que debe tener los elementos necesarios para demostrar la culpa del acusado.

Tambien es preciso indicar, la correlación que cuenta la teoría del caso y la mecánica de hechos, es fundamental, ya que nos ayuda a entender o explicar desde diversas ópticas, como pudo haber sucitado el hecho delictuoso, y lo mejor, que el perito, nos indicará el camino de la verdad absoluta, corroborado por los indicios o evidencia encontrada dentro de la escena del crimen, ya que el Ministerio público, no tuvo a bien considerar, porque no es el experto, desde su perspectiva, que haria su teoría del caso, pudiera exisitir desde el principio una insuficiencia probatoria.

II. TEORÍA DEL CASO

Cierto es que no existe un protocolo, donde se obligue a realizar la Teoria del caso, desde el inicio de una investigacion, pero si es de suma importancia que el Ministerio Público al tener la carga de la prueba, lo obliga a ser el director de la investigación, iniciando una carpeta de investigación, la cual tiene como objetivo principal, esclarecer el hecho que la ley señala como delito, y demostrar si, el imputado, participación o no en la comision del hecho delictuoso; por lo que se requiere una investigación de calidad, es decir, profunda, solida y cientifica. Y para llegar a esto estandares, se requiere que el Ministerio Público desde la etapa de investigación, en especifico, investigación inicial, cuente con datos de prueba, que le permitan esclarecer los hechos, llegando a la verdad del caso y sobretodo que no quede impune, y se le repare el daño causado a la víctima y/o ofendido.

Por lo que es necesario explicar en que consiste la Teoría del caso, dentro de una investigación, para entrar al estudio en este punto, hay que recordar que el Ministerio publico teniendo la carga de la prueba para demostrar la culpabilidad del imputado, debe conducir la investigación, como parte acusadora, donde deberá establecer el tipo penal que se configura.[2] En donde para hacer dicha encomienda, el Ministerio Público, debe coordinarse con sus auxiliares, que son la policía y los peritos asignados en servicios periciales, ya que estos deben realizar diligencias o portar actos de investigación pertinentes y útiles para demostrar la existencia del delito, según el caso y la responsabilidad de quien lo cometió o participo en su comisión.[3]

Pero en términos generales que es la teoría del caso, y de acuerdo a lo señalado por el autor Cesar Higa Silva, en su obra Litigación, argumentación y Teoría del caso, es ¨la historia lógica y persuasiva sobre la ocurrencia de un determinado evento y sus consecuencias legales¨. Para el autor Palmer, indica que toda teoría del caso resulta de la combinación de dos aspectos: el caso (que sucedió) y la teoría (cual es la consecuencia jurídica de ello)[4]. Asimismo, otro concepto se indica que ¨Tam-

---

2 Artículo 130 del Código Nacional de Procedimientos Penales

3 Artículo 127 del Código Nacional de Procedimientos Penales

4 Higa Silva, Cesar. Litigación, Argumentación y Teoría del caso. Editorial ARA Editores E.I.R.L. Argentina. 2016, pág. 23

bién la definen como conocimientos especulativos que cada una de las partes aportara dentro de un juicio, orientados a la comprobación del delito, o bien a desvirtuar en forma total o parcial los mismos".[5] Otro concepto destacado, es por el autor Benavente Chorres, quien señala que "es el método de análisis para probar si un hecho está prohibido por el derecho penal y quién o quienes deben ser sancionados por su comisión o participación"[6]

Para el modelo de protocolo latinoamericano de investigación de las muertes violentas de mujeres por razón de género, señala que "La teoría del caso, tiene como objetivo principal demostrar los tres componentes principales: el fáctico, el jurídico y el probatorio".[7]

Por otra parte, nos explican autores Díaz Aranda, Quintino Zepeda y Constantino Rivera en su obra "Hecho que la ley señala como delito" que "la teoría fáctica, inicia a partir de la noticia criminis, es decir, denuncia o querella de los hechos, el Ministerio Público formulará una hipótesis sobre lo que sucedió y pasara a su valoración jurídica para determinar si el hecho esta prohibida por la ley penal, quien lo cometio o participo en su comisión y cuales son las pruebas o indicios con lo que cuenta (datos que establezcan), con lo cual se iniciara el procedimiento penal que dara paso a la intervención del defensor y el juez para que tambien estructuren su teoria del caso

---

5 Santacruz Lima, Rafael. "Tópicos de la Justicia Penal en México". Editorial RES PUBLICO. Mexico, 2021, pag. 40

6 Idem

7 Modelo de protocolo latinoamericano de investigacion de las muertes violentas de mujeres por razón de género. Disponible en internet: https://hchr.org.mx/publicaciones/modelo-de-protocolo-latinoamericano-de-investigacion-de-las-muertes-violentas-de-mujeres-por-razones-de-genero-femicidios-feminicidios/

con los tres elementos señalados (teoría fáctica, teoría jurídica y material probatoria)".[8]

Para el Suscrito, pudiera señalar que la teoría del caso es la reconstrucción de los hechos de como pudieron haber ocurrido, donde el Ministerio Público es el arquitecto de estructurar la teoría del delito, respaldada con los medios probatorios, para demostrar el hecho delictivo bajo los componentes fácticos, jurídicos y probatorios.

Despues de conceptualizar la teoría del caso, es necesario señalar que el Ministerio Público, podra hacer uso de su teoría del caso, solo para entendimiento del mismo, de como ocurrieron los hechos, y en base al hecho que investiga, podra configurar la teoría del delito, para demostrar el hecho y los elementos del tipo, mediante los medios probatorios, con los cuales, se deberan acreditar la carpeta de investigación; y la defensa, ya sea pública o privada, tambien podra realizar su teoría del caso, pero tratara de desvirtuar el delito, la inexistencia del hecho, excluyente de delito, extinción de la acción penal, establecer claramente la inocencia del imputado.

Habiendo ya visto, lo que conlleva la teoria del caso, en la presente investigacion, nos abocaremos, en especifico, en la teoria probatoria, ya que existen sentencias absolutorias, que promulgan la llamada Insuficiencia probatoria, ya que mas de toda duda razonable el Ministerio Publico, no alcanza a demostrar en base a evidencia la culpabilidad del imputado, y esto debido que puede llegar a ser omiso, en no considerar ciertos aspectos, ya que recordemos, que el Ministerio Publico, no es perito, es por ello que hipotesis acusatoria no sea suficiente, por esto, es que debemos contar con un dictamen en materia de criminalistica, llamada Mecánica de hechos.

---

8 Díaz, Quintino y Constantino, Camilo. "Hecho que la ley señala como delito". Editorial MaGister. México, 2016, pág. 33

Digamos, que una obligacion que tiene el Ministerio Público, de acuerdo al codigo nacional de procedimientos penales, es precisamente, ¨requerir informes o documentacion a otras autoridades y a particulares, asi como solicitar la practica de peritajes y diligencias para la obtencion de otros medios de prueba¨.[9]

III. PERITOS

Los peritos, son quienes apoyan en la investigación que dirige el Ministerio Público, junto con la policia, siendo que estos dos últimos, se considera sujetos procesales dentro del proceso penal, sin embargo, el Ministerio Público, es parte; y la policía, no, esto de acuerdo al código nacional de procedimientos penales.[10] Ya que de esto, nos señala en código nacional de procedimientos penales, que los peritos no son sujetos procesales y tampoco son parte en el proceso, pero dentro de una investigación, su intervención es de suma importancia, ya que en un hecho delictuoso o la culpabilidad del imputado, debe ser demostrar, mediante medios probatorios, ya que los peritos son sujetos que poseen conocimientos especiales en alguna ciencia, arte, técnica u oficio.

De lo anterior, debemos observar que dentro de la trilogía de la investigación, en la cima de la piramide, se encuentra el Ministerio Público, y en la base de esta pirámide, en cada extremo, tenemos a la policía y los peritos, recordando que los peritos, se encuentran asignados a la Jefatura de Servicios Periciales, y/o Coordinacion o direccion de ciencias forenses, esto depende de la entidad federativa en donde nos encontremos.

---

9 Artículo 131 del Código Nacional de Procedimientos Penales

10 Artículo 105 del Código Nacional de Procedimientos Penales

Nuestro Código nacional de procedimientos penales, nos afirma que *"durante la investigacion, el Ministerio Público o la policia con conocimiento de este, podra disponer la practica de los peritajes que sean necesarios para la investigación del hecho."*[11] En esta parte, nos descifra el numeral citado, que el perito, dentro de la etapa de investigación, y en especifico, en la fase de investigación inicial, es pieza clave, ya que es la oportunidad que tiene para buscar y localizar indicios dentro de la escena del crimen, para que posteriormente elabore informenes o dictamenes, de acuerdo al area o ciencia que se hubiere solicitados por parte del Ministerio público.

En este sentido, en el mismo numeral previamente citado, nos señala *"El dictamen escrito no exime al perito del deber de concurrir a declarar en la audiencia de juicio"*.[12] En esto, nos indica obligacion que tiene el perito que haya emitido informe o dictamen, la obligacion de declarar de manera presencial, ante Jueces de enjuiciamiento dentro de la etapa de juicio oral, para introducir la informacion, es decir, aquí no bastara en decir, por parte del perito, que ratifico el contenido del presente dictamen o certificado, como en el sistema tradicional anterior, ya que solo se limitaba en firmaba al margen.

Recordemos que el perito, "es la persona con conocimientos especiales en alguna ciencia, tecnica, arte u oficio, en relacion a personas, objetos o hechos relevantes dentro de una causa penal, las partes podran ofrecer la prueba pericial a cargo de una persona con los conocimientos especiales requeridos."[13] En este caso, podemos destacar que el perito debe contar con una especializacion en cierta ciencia, tecnica, arte u oficio, y esto se lo da, el conocimiento mediante el estudio de determi-

---

11 Artículo 272 del Código Nacional de Procedimientos Penales

12 ibidem

13 Sotomayor Garza, Jesus G. "Introduccion al estudio del juicio oral penal". Editorial Porrua, Mexico, 2012 pag. 50

nada ciencia, con la experiencia y profesionalismo de la elaboración de dictamenes, el perito puede proponer hipótesis.

Este apartado se estudia al perito, quien en su momento despues de realizar su informe o dictamenes, dependiendo la etapa del proceso penal, hasta que llegue a juicio oral, se conocerá como prueba pericial, recordando que es el personal adscrito a la Jefatura de Servicios periciales y/o ciencias forenses, dependiendo a la dirección, instituto o coordinación como sean llamados en cada entidad federativa, ya que son profesionales en determinada área o estudio, y para entender lo señalado en el código, señala que podrá ofrecerse la prueba pericial cuando, para el examen de personas, hechos, objetos o circunstancias relevantes para el proceso, fuere necesario o conveniente poseer conocimientos especiales en alguna ciencia, arte, técnica u oficio.[14] Por otro lado podemos decir, que el concepto de dictamen pericial, es la emisión de la opinión en un problema concreto que ha sido planteado por parte de una persona experta, llegando a puntos específicos con base en las investigaciones efectuadas, procedimientos y fundamentos técnico-científicos.[15]

Esta prueba pericial, se traduce a una prueba cientifica, que son las nociones y metodos cientificos necesarias para la confirmacion de la prueba o la valoracion de los hechos, que hace que el juzgador, tenga la vision completa de los hechos o fenomenos que son determinantes de la litis, ya que contiene la opinion de expertos en una rama de la ciencia o tecnologia, que aporta evidencia cientifica, con la cual puede conocerse la

---

14 Artículo 368 del Código Nacional de Procedimientos Penales

15 Romero Guerra, Ana Pamela. "Guía para la valoración judicial de la prueba pericial en materia de criminalística de campo (para el procesamiento del lugar y de los indicios)". Consejo de la Judicatura Federal. México. Disponible en internet: https://www.cjf.gob.mx/PJD/PJD_resources/guias/lib/P01011.pdf

verdad, y que no haya sido refutado y que se haya aplicado los metodos cientificos, para mayor visualizacion de este apartado, se plasma la siguiente tesis jurisprudencial:

"PRUEBA CIENTÍFICA. SU JUSTIFICACIÓN Y VALIDEZ EN LA RESOLUCIÓN DE CONFLICTOS JURÍDICOS. Para la adecuada solución de un conflicto jurídico es posible acudir a elementos de convicción, tales como los dictámenes periciales o prueba científica, al tener la finalidad de auxiliar al juzgador, en temas y conocimientos científicos o tecnológicos que deba utilizar a través de exposiciones no jurídicas, pero necesarias para resolver la cuestión efectivamente puesta a su conocimiento, al tratarse de información proporcionada por especialistas en la materia de que se trate, que constituye una opinión técnica a la cual el juzgador le otorgará, según su prudente estimación, el valor que estime conveniente, atendiendo para ello a las máximas de experiencia y hechos notorios o públicos que constituyen reglas o verdades de sentido común y la sana crítica. Cabe precisar que un objetivo común tanto de la ciencia como del proceso judicial es la investigación de la verdad, porque una reconstrucción verídica de los hechos de la causa es una condición necesaria de la justicia y de la legalidad de la decisión. En efecto, este instrumento probatorio es adecuado para que el juzgador se allegue de información necesaria -concretamente de conocimientos que la ciencia aporta- para determinar la veracidad de un enunciado o hechos y su trascendencia en el conflicto. En este sentido, la prueba científica consiste en nociones y métodos de análisis que rebasan el patrimonio cultural del que -en circunstancias normales- dispone el Juez a partir o conforme a una cultura media o del sentido común, lo que por supuesto implica que no puede conocer todas las nociones y metodologías científicas necesarias para la conformación de la prueba o la valoración de los hechos. Otra importante razón que justifica la prueba científica y sobre todo interpretarla y valerse adecuadamente de ella, obedece a que los juzgadores deben tener una visión completa de los hechos o fenómenos que son determinantes de la litis, aun cuando las partes, estratégicamente, se esfuercen por presentar visiones incompletas, descontextualizadas, alteradas o deformadas de la realidad, con tal que les sean pertinentes o útiles para obtener decisiones a modo. En consonancia con lo anterior, es válido para los juzgadores apoyar sus determinaciones en la prueba científica, toda vez que contiene la opinión de expertos en una rama de la ciencia o tecnología, que aporta evidencia científica relevante para el caso, a través de la cual puede conocerse la verdad de los hechos sujetos a prueba, cuyo contenido no fue refutado y fue obtenida mediante la aplicación de métodos científicos que tienen la presunción de fidedignos y pertinentes. CUARTO TRIBUNAL COLEGIADO EN MATERIA ADMINISTRATIVA DEL PRIMER CIRCUITO. Amparo directo 518/2012. María Silvia Matilde Barriguete Crespo y otro. 13 de diciembre de 2012. Unanimidad de votos. Ponente: Jean Claude Tron Petit. Secretaria: Mayra Susana Martínez López."[16]

Habiendo ya visto la anterior tesis, nos queda mas claro, lo que conlleva una prueba cientifica, pero hay que aclarar que el perito, tambien puede ser un testigo experto, pero la pregunta que surge es, ¿como va ser testigo?, sino no ha observado ningun hecho con sus sentido, pero cuando es solicitado, para dar una deposición testimonial, bajo su expertice, el perito reconoce la existencia de ciertos hechos, en base a los indicios encontrados y procesados por otras ciencias, en la escena del crimen, que lo colleva a ser un testigo experto, y para mayor,

---

16 Registro digital: 2003363. Instancia: Tribunales Colegiados de Circuito. Décima Época. Materia(s): Administrativa, Común. Tesis Aislada:I.4o.A.16 K (10a.) Fuente: Semanario Judicial de la Federación y su Gaceta. Disponible en internet: https://bj.scjn.gob.mx/doc/tesis/ffhwMHYBN_4klb4HZRRf/%22Conflictos%20jur%C3%ADdicos%22

conocimiento e lustracion, el dictamen que permite llegar a esto al perito es el Dictamen de mecanica de hechos.

IV. MECANICA DE HECHOS

La mecanica de hechos, es de suma importancia en la elaboracion de la teoria del caso, en este punto, para los delitos graves, ya que base metodologia cientifica respalda la narrativa logica y persuasiva dentro del proceso penal. La mecánica de hechos, es el procedimiento para determinar, de acuerdo con la lectura técnica de los indicios y los resultados de laboratorio, como ocurrieron los hechos.

La mecánica de hechos, nos puede terminar la ruta que tuvo el o los agresores en el lugar del hecho, como fue el ingreso, o salida, así como el posible numero de actores o participes, de acuerdo a los objetos encontrados, o huellas, también nos puede señalar los instrumentos que se utilizaron para cometer el hecho delictuoso, como tambien que victima fue primero privada de la vida de acuerdo el cronotanatodiagnostico, así como si el occiso realiza maniobra de lucha de defensa, como la posición final del cuerpo, o si fue movido para alterar su posicion de acuerdo a las livideces.

Estas intervenciones de elaborar dicho dictamen de mecánica de hechos, le corresponde al perito adscrito a servicios periciales y ciencias forenses, siendo área vital de las Procuradurías o Fiscalías General del Estado, ya que tienen la encomienda de realizar investigaciones científicas y forenses en cada Entidad Federativa o Republica. Como se menciona en el protocolo de investigacion ministerial, policial y pericial con perspectiva de genero para el delito de feminicidio, que dice en el objeto de las diligencias periciales en la investigacion de delito de feminicidio, que a la letra dice: "Las actuaciones periciales deben ir encaminadas a analizar informacion e interpretar resultados, en consecuencia, la intervencion pericial debe consistir en elaboracion de (enunciadas sin limitar): ...-Dictamenes de mécanica de hechos.¨[17]

Ya que, de acuerdo a la Guía de especialidades periciales federales, señala que la mecánica de hechos, determinara, con base en el original de la indagatoria, la manera en la que interactuaron los diversos factores relacionados con un hecho delictuoso, y en el que resultaron daños o perdida de bienes, personas lesionadas o fallecidas.[18]

Para que el perito, se encuentre en condiciones de emitir, este tipo de dictamenes, es necesario que tenga ¨en todo momento acceso a los indicios sobre los que versaran los mismos, o a los que se hara referencia en el interrogatorio¨.[19] Digamos que, el perito no solo necesitara su expericiencia y profesionalismo, sino que tambien debera interpretar los indicios encontrados en la escena del crimen, asi como los procesados por otras areas o ciencias, para que pueda normar su hipotesis, y no solo queda aquí, sino tambien, puede tomar lectura de las entrevistas y declaraciones de los testigos que se encontraban presente en los hechos.

Con estas condiciones, en que momento del procedimiento penal, se puede ordenar, desde que se ha iniciado una carpeta de investigacion, ya que se debe solicitar desde la primera eta-

---

17 Protocolo de investigacion ministerial, policial y pericial con perspectiva de genero para el delito de feminicidio. Disponible en internet: https://www.gob.mx/cms/uploads/attachment/file/253267/Protocolo_Feminicidio.pdf

18 Guía de Especialidades periciales federales. Editorial Procuraduría General de la República, México, 2015 pág. 53 https://gc.scalahed.com/recursos/files/r161r/w25735w/LIBROGuia%20de%20especialidades%20periciales%20federales.pdf

19 Artículo 274 del Código Nacional de Procedimientos Penales

pa del proceso, que es la etapa de investigación, en especifico en la fase de investigación inicial, ya que en base a los indicios recolectados y/o testimoniales, el perito normara su criterio, leyendo el contenido de la carpeta, y en este punto, el mismo código nacional de procedimientos penales, le autoriza, adentrarse de dichos datos de prueba, para que en la etapa de juicio oral, puede rendir testimonio de como ocurrieron los hechos, explicando como se encontraron los indicios y ademas, como participo el acusado en la comision del hecho delictuoso.

La mecánica de hechos, va guiada a que el perito realice una reconstrucción de los hechos, ya que esto determina su hipotesis, ya que tendra conocimiento de como ocurrieron los hechos, y si estos, se apegan a la verdad historica considerando las circunstancias de modo, tiempo y lugar, asi como el valor investigativo de los indicios asociados, ya que ademas nos señala el codigo nacional de procedimientos penales, que ¨los medios o elementos de prueba son toda fuente de informacion que permitan reconstruir los hechos, respetando las formalidades procedimentales previstas para cada uno de ellos¨.[20]

De lo anterior, como sabemos la reconstruccion de hechos, esta pericial, figuraba en el sistema tradicional, pero ahora con la implementacion del nuevo sistema de justicia penal, deja de operar como tal, en donde vimos en lineas anterior, si puede considerarse, pero dentro del dictamen de mecanica de hechos, ya que el perito debe reconstruir el hecho, y en donde valorara los indicios, objetos e instrumentos del delito, para decirnos como ocurrieron los hechos, lo interesante de esto, es que si lo realiza el perito, tiene mucho penso como prueba, en cambio sí dice el Ministerio Público, no tiene tanto peso, ya que no es el experto.

---

[20] Artículo 261 del Código Nacional de Procedimientos Penales

Ahora bien, si existen ciertos protocolos, en diversas entidades federativas lo contemplan, porque no se ordenan por parte del Ministerio Público, y se agrega o anexa a la carpeta de investigación que integra una investigación criminal, cual será el impedimento o causa de solicitarse, en delitos graves, entendamos delitos graves los contemplados, en el código nacional de procedimientos penales, como son ¨abuso o violencia sexual contra menores, delincuencia organizada, homicidio doloso, feminicidio, violacion, secuentro, trata de personas, robo de casa habitación, entre otros…¨.[21] Si fuera en la etapa de investigación, podria recaer en un sobreseimiento, en específico, el que señala si ¨agotada la investigación, el Ministerio Publico estime que no cuente con los elementos sufiencientes para fundar una acusacion¨; y si fuera en la etapa de juicio oral, nos encontrariamos con sentencias absolutorias por insuficiencia probatoria.

De lo anterior, basta observar, las estadisticas criminales, y para ello, podemos citar al Instituto Nacional de Estadistica y Geografia, donde nos indica que las principales causas de que los Jueces emitan sentencias absolutorias dentro de un proceso penal, es la Insuficiencia probatoria, para llegar a esta informacion especifica se puede encontrar, gracias al esquema homologado de recoleccion de informacion de imparticion de justicia[22].

---

[21] Artículo 167 del Código Nacional de Procedimientos Penales

[22] Impartición de justicia en materia penal. Esquema homologado de recolección de información de imparticion de justicia. Síntesis metodológica 2014-2019. Disponible en internet: https://www.inegi.org.mx/contenidos/productos/prod_serv/contenidos/espanol/bvinegi/productos/nueva_estruc/702825196837.pdf

Con base en el total de causas penales concluidas en los organos jurisdiccionales de primera instancia de todas entidades federativas, en base distribucion porcentual por tipo de resolucion de sobreseimiento, en el Sistema Acusatorio oral del 2015, revelo que el sobreseimiento fue mayor en el sistema acusatorio oral, con poco mas de una quinta parte de las resoluciones totales 20.6%.[23]

En cambio en base en el total de causas penales concluidas en los organos jurisdiccionales de primera instancia de todas entidades federativas, en base distribucion porcentual por tipo de resolución de sentencia absolutoria, en el Sistema Acusatorio oral del 2015, revelo que de total de personas sentenciadas en el sistema acusatorio oral, 15 de cada 100 recibieron una sentencia absolutoria, mientras que el resto obtuvo una sentencia condenatoria o mixta.[24] Esta información, se corrobora, con el Censo Nacional de Imparticion de Justicia Estatal 2016, nos dice ¨en los tribunales de juicio oral, el 52 por ciento de los asuntos se concluyeron con sentencia condenatoria, 32,7 por ciento por sentencias absolutoria, 8,9 por sobreseimiento, 2,9 por ciento por otro tipo de conclusion, 1,6 por sentencia mixta y para 1.9 por ciento no fue posible especificar su tipo de conclusion (gráfica 1.)[25]

---

[23] Estadisticas en el marco del nuevo sistema de justicia penal en Mexico. Instituto Nacional de Estadisticas y Geografia. México. 2018, pag. 66

[24] Estadisticas en el marco del nuevo sistema de justicia penal en Mexico. Instituto Nacional de Estadisticas y Geografia. México. 2018, pag. 67

[25] Censo Nacional de Impartición de Justicia Estatal 2016. Resultados. Instituto Nacional de Estadisticas y Geografia. México. 2016. pag. 17

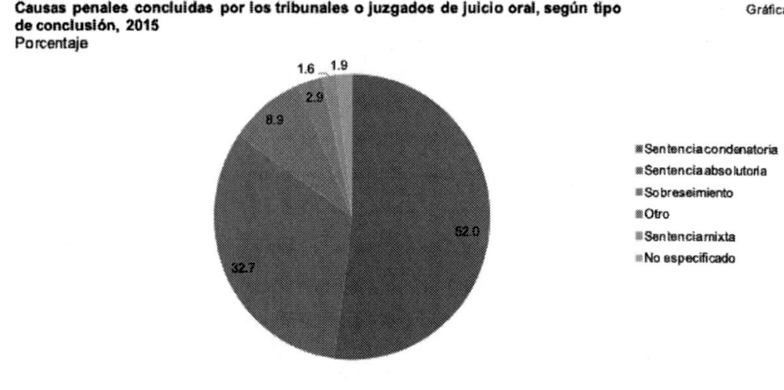

Grafica 1.

Es pertinente subrayar el hecho que si sumamos las sentencias absolutorias y los sobreseimientos dentro del proceso penal acusatorio, no percatamos que fueron por falta de elementos probatorios suficientes para acreditar la culpabilidad del acusado; ya que en ciertas entidad Federativas, superan el 40%, siendo un dato importante, para demostrar que en los delitos graves, es necesario que el Ministerio Público, al momento de realizar su teoria del caso, ordene la mecanica de hechos, al perito de servicios periciales, para que no vaya a omitir, alguna pericial necesaria para llegar a la verdad absoluta del hecho.

V. CONCLUSIONES

En el presente capítulo, nos percatamos de la importancia que tiene el Dictamen de

Mecánica de hechos, ya que es elemental para esclarecer los hechos que la ley señala como delitos graves, ya que nos ayuda a reconstruir el hecho y determinar la verdad de lo sucedido, su adecuada aplicación es decisiva para evitar sobreseimiento en la etapa de investigación o evitar sentencias absolutorias por insuficiencia probatoria.

De igual manera, podemos concluir, que otro de los desafios que tiene la prueba pericial de mecanica de hechos, dentro del sistema de justicia penal, ya que nos refleja las problematicas que tiene, por ende, es necesario realizar un fortalecimiento interno de servicios periciales en todas entidades federativas, para que cuenten con mayor recursos, capacitación y sobretodo tengan una independencia pericial al momento de llegar a un resultado, es decir, que tengan imparcialidad y certeza en la elaboracion de dichos dictámenes.

Continuando con los desafíos, seria la implementacion de la prueba pericial de mecanica de hechos, para evitar la insuficiencia probatoria que pudiera llegar a sentencias absolutorias, y principalmente en que el Ministerio Publico no solo formule hipotesis, sino que tambien se apoye con evidencia concreta y cientifica; ya que tiene la responsabilidad de ordenar la elaboracion de la mecanica de hechos, para no omitir alguna otra prericial, que sera decisiva en la construccion de su teoria del caso, de todos los elementos teoria factica, teoria juridica y teoria probatoria.

Otra conclusión que podría llegar, seria que los peritos lleguen a la verdad historica mediante a la interpretacion de le escena del crimen y su formulacion hipotetica de como ocurrieron los hechos, con el acceso a todos los indicios y testimoniales relevantes. Esto nos llevaria al desarrollo efectivo dentro del proceso penal y que se garantice los derechos de todas las partes involucradas, para asegurar una mejora continua, se logre la verdad de los hechos y que de manera efectiva se grantice una mejor administracion de justicia.

Bibliografía

Libros

Díaz, Quintino y Constantino, Camilo. "Hecho que la ley señala como delito". Editorial MaGister. México, 2016

Higa Silva, Cesar. Litigación, Argumentación y Teoría del caso. Editorial ARA Editores E.I.R.L. Argentina. 2016

Santacruz Lima, Rafael. "Tópicos de la Justicia Penal en México". Editorial RES PUBLICO. Mexico, 2021

Sotomayor Garza, Jesus G. "Introduccion al estudio del juicio oral penal". Editorial Porrua, Mexico, 2012

Censo Nacional de Impartición de Justicia Estatal 2016. Resultados. Instituto Nacional de Estadisticas y Geografia. México. 2016. Disponible en internet: https://www.inegi.org.mx/contenidos/productos/prod_serv/contenidos/espanol/bvinegi/productos/nueva_estruc/702825091583.pdf

Modelo de protocolo latinoamericano de investigacion de las muertes violentas de mujeres por razón de género. Disponible en Internet: https://hchr.org.mx/publicaciones/modelo-de-protocolo-latinoamericano-de-investigacion-de-las-muertes-violentas-de-mujeres-por-razones-de-genero-femicidios-feminicidios/

Guía de Especialidades periciales federales. Editorial Procuraduría General de la República, México, 2015. Disponible en internet: https://gc.scalahed.com/recursos/files/r161r/w25735w/LIBROGuia%20de%20especialidades%20periciales%20federales.pdf

Guía para la valoración judicial de la prueba pericial en materia de criminalística de campo (para el procesamiento del lugar y de los indicios). Consejo de la Judicatura Federal. Disponible en internet: https://www.cjf.gob.mx/PJD/PJD_resources/guias/lib/P01011.pdf

Protocolo de investigación ministerial, policial y pericial con perspectiva de género para el delito de feminicidio. Disponible en internet: https://www.gob.mx/cms/uploads/attachment/file/253267/Protocolo_Feminicidio.pdf

Estadísticas en el marco del nuevo sistema de justicia penal en México. Instituto Nacional de Estadisticas y Geografia. México. 2018. Disponible en internet: https://www.inegi.org.mx/contenidos/productos/prod_serv/contenidos/espanol/bvinegi/productos/nueva_estruc/702825104146.pdf

Impartición de justicia en materia penal. Esquema homologado de recolección de información de impartición de justicia. Síntesis metodológica 2014-2019. Disponible en internet: https://www.inegi.org.mx/contenidos/productos/prod_serv/contenidos/espanol/bvinegi/productos/nueva_estruc/702825196837.pdf

Códigos

Código Nacional de Procedimientos Penales (Última Reforma DOF 26-01-2024) Disponible en internet: https://www.diputados.gob.mx/LeyesBiblio/pdf/CNPP.pdf

Jurisprudencia

Registro digital: 2003363. Instancia: Tribunales Colegiados de Circuito. Décima Época. Materia(s): Administrativa, Común. Tesis:I.4o.A.16 K (10a.) Fuente: Semanario Judicial de la Federación y su Gaceta. Tipo: Tesis Aislada. Disponible en internet: https://bj.scjn.gob.mx/doc/tesis/ffhwMHYBN_4klb4HZRRf/%22Conflictos%20jur%C3%ADdicos%22

Capítulo 6.

LA VULNERACIÓN DE LA DIGNIDAD HUMANA DE LA VÍCTIMA EN EL DELITO DE VIOLACIÓN.

JESSICA MENDIVIL TORRES[1]

RESUMEN.

La violencia sexual en México, particularmente el delito de violación, es una problemática que afecta gravemente la salud pública y que vulnera los derechos humanos esenciales de la víctima. Este delito, al utilizar a la persona como un medio de satisfacción sexual sin su consentimiento, convierte a la víctima en objeto de violencia, degradando su condición humana y atentando contra su seguridad y libertad sexual.

El impacto de la violencia sexual en la víctima es de tal magnitud, que además de traducirse en la necesidad de brindar una respuesta inmediata a las víctimas -lo cual constituye un reto significativo para el sistema de salud y el sistema de justicia del Estado-, desde el marco jurídico, no solo debe considerarse una violación a los derechos humanos, sino que ha de ser estudiado como una vulneración directa a la dignidad humana de la víctima.

---

1 Profesora investigadora de la Facultad de Ciencias Administrativas y Sociales de la Universidad Autónoma de Baja California, integrante del Cuerpo Académico Estado de Derecho y Justicia.

En el presente analizará la manera en que el delito de violación vulnera la dignidad de la víctima y la responsabilidad que el Estado tiene hacia la víctima antes, durante y después de dicha violación.

I. INTRODUCCIÓN.

La violencia sexual en México constituye una de las principales problemáticas de salud pública y de violación a derechos humanos. En primer lugar, es problema de salud pública debido a la naturaleza violenta de las agresiones sexuales, y las graves afectaciones físicas y psicológicas que esta violencia genera en quienes la sufren, siendo necesario brindar atención inmediata y especializada a las víctimas. Esta respuesta inmediata representa un importante reto para el sistema de salud, pues requiere la existencia de personal médico capacitado y sensibilizado, que sea capaz de apoyar a las víctimas durante este difícil proceso.

Es necesario comprender la magnitud de esta problemática, pues las estadísticas proporcionadas por la Encuesta Nacional Sobre la Dinámica de las Relaciones en los Hogares (ENDIREH) realizada por el Instituto Nacional de Estadística y Geografía (INEGI), indican que en México el 49.7% de las mujeres de 15 años y más ha experimentado, al menos, una situación de violencia sexual a lo largo de la vida. Estas cifras son preocupantes, no solo porque significa que la mitad de la población femenina del país ha sido víctima de estas afectaciones, sino también porque en muchas ocasiones, por la propia naturaleza traumática de la violencia sexual y la estigmatización que rodea a las víctimas, éstas deciden no denunciar el delito ni buscar ayuda profesional, por lo que no debemos descartar la posibilidad de que sean aún muchas más las mujeres que han sufrido violencia sexual, y que se han encontrado con estas barreras para acceder a los servicios de salud y justicia, lo que perpetúa la impunidad y contribuye a la revictimización.

De esta manera, resulta evidente que la violencia sexual representa una importante problemática jurídica, pues desde el momento en que esta se comete, perpetúa el sufrimiento de la víctima y provoca el desencadenamiento de una serie de situaciones donde se le continúa violentando de forma indirecta, lo que se traduce en que esta sufra aún más violaciones a sus derechos. Es por esto que es necesario reconocer a la violencia sexual como un problema de violación a derechos humanos, pues atenta directamente contra derechos y libertades fundamentales, como lo son la libertad y seguridad personal, la integridad física y psicológica, la autonomía sexual de las personas, y especialmente, la dignidad humana.

El propósito de este artículo es precisamente el de analizar la manera en que la violencia sexual -particularmente el delito de la violación- vulnera de forma directa y atenta gravemente contra la dignidad de la víctima, y la responsabilidad que el Estado posee de, en primer lugar, impedir la violación de derechos, y en segundo lugar, que en el supuesto de que estos hayan sido violados, investigar y sancionar a los perpetradores, y reparar el daño a las víctimas. Para ello debemos plantear las siguientes interrogantes: ¿De qué manera el delito de violación vulnera la dignidad de la víctima? y ¿Cuál es la responsabilidad del Estado en relación con dichas víctimas?

El presente está dividido en secciones, primeramente se abordará el diseño metodológico que se ha empleado para la elaboración de esta investigación; posterior a ello, se desarrolla el trabajo, donde se estudiarán los conceptos y temas principales en torno a los cuales se fundamenta esta investigación, analizando temas como la violencia sexual, su impacto en la víctima y su entorno social, el delito de violación como máxima manifestación de violencia sexual, la dignidad humana, y los derechos humanos; así mismo, se realizará la discusión y se expondrán los resultados obtenidos; y finalmente, en la sección V se realizarán las conclusiones a las que se ha llegado por medio de esta investigación.

II. DISEÑO METODOLÓGICO.

Este artículo emplea un método deductivo, pues tiene como punto de partida afirmaciones generales derivadas de diversos autores y fuentes de información relevantes, buscando llegar posteriormente a conclusiones específicas y precisas.

La investigación es de tipo teórico, pues comienza con el análisis de la teoría, doctrina y normatividad relativa al delito de violación y el concepto de dignidad humana; a su vez es aplicada, examinando la manera en que las normas y principios estudiados se materializan en situaciones reales, evaluando su efectividad e impacto en la protección de los derechos humanos de las víctimas de violación, y en particular, su dignidad.

Además, es una investigación descriptiva y analítica, pues se describen dichas normas y principios, analizándolas en contraste con la doctrina y jurisprudencia en el contexto de nuestro interés. El enfoque es de tipo cualitativo, orientado al análisis del delito de violación a la luz de la normatividad nacional e internacional.

Las fuentes de información utilizadas incluyen:

a) Como normas nacionales a la Constitución Política de los Estados Unidos Mexicanos, la Ley General de Acceso de las Mujeres a una Vida Libre de Violencia, la Ley General de Víctimas, y el Código Penal para el estado de Baja California.

b) Como normas internacionales a la Declaración Universal de los Derechos Humanos y a la Convención Interamericana para Prevenir, Sancionar y Erradicar la Violencia contra la Mujer "Convención De Belem Do Para".

c) Jurisprudencia emitida por la Suprema Corte de Justicia de la Nación.

d) Conceptos y estadísticas de instituciones como el Instituto Nacional de Estadística y Geografía, la Organización Mundial de la Salud, el Centro Nacional de Recursos para la Violencia Sexual de Estados Unidos de América, y la Comisión Nacional de Derechos Humanos.

e) Doctrina de diversos autores, entre ellos Manuel Atienza, Miguel Carbonell, Immanuel Kant, entre otros.

Como técnicas para la recolección de datos se realiza una revisión documental de la normatividad aplicable, jurisprudencia, y estudios doctrinales. El análisis se lleva a cabo por medio de la interpretación jurídica.

En cuanto a los principios éticos, se aplica el principio de no maleficencia, asegurando que la investigación no cause daño alguno; el principio de justicia e integridad científica, garantizando el acceso y fiabilidad de las fuentes de información; así como los principios de respeto a los derechos humanos y de responsabilidad social.

III. LA VIOLENCIA SEXUAL.

Percibiendo a la violencia sexual como problemática de salud pública y de violación de los derechos humanos, debemos comenzar por establecer como esta conceptualizada; la Organización Mundial de la Salud[2] (2013) define la violencia sexual de la siguiente manera:

---

[2] OMS de ahora en adelante.

> *Todo acto sexual, la tentativa de consumar un acto sexual, los comentarios o insinuaciones sexuales no deseados, o las acciones para comercializar o utilizar de cualquier otro modo la sexualidad de una persona mediante coacción por otra persona, independientemente de la relación de esta con la víctima, en cualquier ámbito, incluidos el hogar y el lugar de trabajo. (p. 2)*

De la definición anterior podemos extraer la siguiente información:

a) La violencia sexual no comprende únicamente actos sexuales que invadan físicamente el cuerpo de la víctima.

b) La violencia sexual también se materializa con la tentativa de consumarlos, es decir, aun cuando por circunstancias ajenas a la voluntad del perpetrador, el resultado deseado no se produzca, con la simple ejecución de la conducta destinada la realización del delito es suficiente para considerarse violencia sexual.

c) Los comentarios e insinuaciones sexuales no deseados constituyen violencia sexual.

d) Las acciones para comercializar o utilizar la sexualidad de una persona empleando la coacción, constituyen violencia sexual.

e) La violencia sexual existe independientemente del tipo de relación de la víctima con el perpetrador, esto es, aun cuando subyace una relación laboral, afectiva, o de otra índole entre la víctima y su violentador, la violencia sexual existirá.

Asimismo, la OMS (2013) explica algunas de las conductas que la coacción puede abarcar, tales son el uso de la fuerza en diferentes grados, la intimidación psicológica, extorsión, amenazas; afirmando además que no es necesario que se ejercite la coacción para que exista la violencia sexual: “También puede haber violencia sexual si la persona no está en condiciones de dar su consentimiento, por ejemplo cuando está ebria, bajo los efectos de un estupefaciente, dormida o mentalmente incapacitada" (p. 2).

IV. IMPACTO DE LA VIOLENCIA SEXUAL.

La violencia sexual impacta principal y gravemente a la víctima, quien sufre, en primer lugar, una violación a su seguridad personal y a su libertad sexual, lo que desencadena una serie de reacciones psicológicas, que si bien, varían en cada persona, se pueden resumir a sentimientos de miedo, enojo, y culpa.

El Centro Nacional de Recursos para la Violencia Sexual, organización estadounidense conocida globalmente como National Sexual Violence Resource Center[3] clasifica el impacto de la violencia sexual en las siguientes categorías:

a) Impacto en los sobrevivientes

Este impacto se observa principalmente en tres sectores, el psicológico, el físico, y el económico. Como efectos psicológicos, el NSVRC (2016) afirma que estos se relacionan a comportamientos de salud arriesgados a largo plazo: "Las reacciones pueden variar desde el trastorno por estrés postraumático (PTSD) y los trastornos alimentarios a la ansiedad y la depresión" (p. 1).

Los impactos físicos, además de las posibles lesiones que resulten del acto sexual ejecutado con violencia, traen consigo las posibilidades de un embarazo o de contraer una enfermedad de transmisión sexual.

Los impactos económicos, se reflejan en los gastos médicos que la víctima realiza, los posibles gastos jurídicos en

---

[3] NSVRC de aquí en adelante.

caso de denunciar el delito, así como el tiempo durante el cual no le es posible acudir a su trabajo.

b) Impacto en los seres queridos

Al ser las personas que diariamente tienen una convivencia directa con la víctima, y quienes en muchas ocasiones brindan su acompañamiento y apoyo a la víctima, pueden sufrir de forma similar a esta y experimentar sus mismos sentimientos.

c) Impacto en las comunidades

Entendiendo a la comunidad como el grupo social a la que pertenece la víctima, esta puede ser su escuela, fuente laboral, comunidad religiosa o cultural, etc. El impacto en las comunidades se refleja, en primera instancia, por el ambiente de ira, miedo o incredulidad que se fomenta en dichos lugares; en segundo lugar, representa una afectación económica, pues "existen costos económicos para las comunidades. Estos costos incluyen servicios médicos, gastos de justicia penal, tarifas por servicios para crisis y salud mental" (NSVRC, 2016, p. 2).

d) Impacto social

El NSVRC (2016) expone que "las contribuciones y los logros que es posible que nunca se produzcan como consecuencia de la violencia sexual son un costo para la sociedad que no se puede medir", añadiendo que "la violencia sexual pone en peligro las estructuras sociales esenciales porque crea un clima de violencia y miedo" (p. 2).

Conociendo la magnitud del impacto que tiene la violencia sexual en los diferentes ámbitos donde existe la presencia de la víctima, corresponde ahora analizar un impacto que recorre de manera implícita y transversal todos los anteriores, y este es el impacto jurídico. No puede concebirse la afectación que genera la violencia sexual en la víctima de forma aislada a las normas jurídicas, pues en el momento en que se le lesiona y agrede de dicha manera, se violan derechos humanos, inherentes a la persona y que tienen como su fundamento la dignidad humana. Para ello, en primer lugar, hemos de analizar de manera específica el delito ya mencionado, que es el delito de violación.

V. EL DELITO DE VIOLACIÓN.

Los delitos sexuales en México competen a la legislación penal de cada una de las entidades federativas, quienes establecen su propio conjunto de tipos penales que buscan proteger la libertad y seguridad sexual de las personas, sancionando aquellos actos que constituyan cualquier tipo de violencia sexual. Uno de estos delitos es el de violación, cuya definición no es uniforme en todos los ordenamientos jurídicos del país, variando según la entidad federativa de que se trate. Esto ha sido objeto de crítica debido a que sus definiciones no suelen ajustarse a las normas internacionales de derechos humanos, requiriendo que exista evidencia de fuerza contra la víctima para investigar el delito de violación.

En lo que hace a el Código Penal para el Estado de Baja California, se distinguen diferentes tipos de violación, la violación típica es la que se establece en su artículo 176, el cual señala que comete el delito de violación el que "por medio de la violencia física ó moral tenga cópula con una persona sin la voluntad de ésta, sea cual fuere su sexo", y debiendo entenderse como cópula " la introducción del miembro viril en el cuerpo de la víctima por vía vaginal, anal u oral, independientemente de su sexo". Siendo este uno de los contados códigos penales de nuestro país donde, acertadamente, la violencia sexual se centra en el consentimiento, en lugar de la fuerza.

Derivado de lo anterior, se desprende que el delito de violación se caracteriza por:

1. La comisión de un acto sexual que culmine en cópula
2. Que dicha cópula se realice sin la voluntad de la víctima.
3. El uso de la violencia física o moral contra la víctima.
4. La víctima se reconocerá como tal independientemente de su sexo.

Otro tipo de violación, prevista en el artículo 179 de dicho Código, es la agravada, esta es aquella en que la pena para el delito de violación se incrementa debido a que se actualizaron circunstancias que constituyeron un daño aún más grave a las víctimas, o bien, que el delito fue ejecutado en condiciones que mejoraron la posibilidad o facilitaron al perpetrador la comisión del mismo, ya sea porque:

a) En la comisión de la violación intervinieron de manera directa o inmediata dos o más personas.
b) Se le suministró a la víctima drogas, estupefacientes, psicotrópicos o agentes químicos para cometer la violación.
c) La violación se cometió dentro las instalaciones de alguna asociación religiosa u organismo de la sociedad civil, cuyo objeto social consista en prestar auxilio, refugio o tratamiento psicológico o físico a otras personas.
d) Lo cometieron ministros de culto religioso.
e) La violación fue cometida por un ascendiente contra un descendiente, por éste contra aquél, por la persona que tenga relación de parentesco por consanguinidad o civil, con el ofendido, por el tutor en contra de su pupilo o por el padrastro o amasio de la madre del ofendido, en contra del hijastro.
f) El delito de violación lo cometió quien desempeña un cargo o empleo público o ejerce una profesión, utilizan-

do los medios o circunstancias que ellos le proporcionan.

Así mismo, el Código en cuestión, establece en su artículo 177 la violación equiparada, misma que comete quien "tenga cópula con persona menor de catorce años de edad o que por cualquier causa no esté en posibilidad de producirse voluntariamente en sus relaciones sexuales o de resistir la conducta delictuosa", otorgando así mayor protección a los menores y aquellos incapaces de consentir ni resistir física o psíquicamente el acto sexual.

El artículo 178, por su parte, tipifica la violación impropia de la siguiente manera: "Se equipara a la violación, al que sin consentimiento de una persona o con el consentimiento de un o una menor de catorce años, introduzca uno o más dedos o un objeto de cualquier naturaleza en la región anal o vaginal".

Aun cuando en México se ha hecho este esfuerzo legislativo en establecer tipos penales dirigidos a proteger los bienes jurídicos de libertad y seguridad sexual, los datos revelados por la investigación del Instituto Belisario Domínguez -órgano especializado del Senado de la República-, indican la grave situación en que se encuentra nuestro país, dicho estudio, a cargo de César Alejandro Giles Navarro (2023) informa que "durante el primer semestre de 2023, cada día se denunciaron en promedio 66 presuntos delitos de violación en las procuradurías y fiscalías de las entidades, sin embargo, la mayoría de las víctimas no denuncia". Lo anterior nos permite inferir que en realidad la cantidad de víctimas del delito de violación asciende a cantidades preocupantes, la denominada cifra negra.

En este contexto, es preciso reconocer que el delito de violación constituye la máxima manifestación de violencia sexual, pues rompe todas las barreras de seguridad, confianza y libertad de la víctima, ejerciendo un dominio total sobre ella y forzándola a tener cópula. Se suele analizar este acto violento únicamente en relación con la salud física y psicológica de la víctima, omitiendo las graves violaciones que se infligen a la esfera jurídica de la misma, que suelen traducirse en la perpetuación de la impunidad y la imposibilidad de acceder a la justicia, es por esto que buscamos estudiar el delito de violación desde una perspectiva jurídica, concibiéndolo como una violación de derechos humanos, y como tal, de la dignidad de la víctima.

VI. LA DIGNIDAD HUMANA.

Al analizar la dignidad humana, ha de mencionarse que su significado y alcance no es claro ni único, pues ha sido estudiado y definido por incontables autores a lo largo del tiempo, sin encontrarse en la actualidad un consenso total sobre este concepto, como Gonzalo Figueroa Yáñez (2009) señala con mucha certeza "el concepto de dignidad es ambiguo, impreciso, etéreo, indefinido. Los propios juristas tienen grandes dificultades para llegar a una definición aceptable. No obstante, sobre ese concepto se asientan todos los derechos humanos[...]" (p. 134). Sin embargo, es posible comprender su origen y sentido, para ello, es imprescindible mencionar la concepción de Kant, quien realiza una distinción clave para conocer las verdaderas implicaciones de la dignidad en la persona:

> *Los seres cuya existencia no descansa en nuestra voluntad, sino en la naturaleza, tienen sólo un valor relativo como medio, siempre que sean seres irracionales y por eso se llaman cosas; en cambio los seres racionales reciben el nombre de personas porque su naturaleza los destaca ya como fines en sí mismos, o sea, como algo que no cabe ser utilizado simplemente como medio y restringe así cualquier arbitrariedad (al constituir un objeto de respeto). Las personas, por lo tanto, no son meros fines subjetivos cuya existencia tiene un valor para nosotros como efecto de nuestra acción, sino que constituyen fines objetivos, es decir, cosas cuya existencia supone un fin en sí mismo. (como se citó en Delgado, 2020)*

De esta manera, Kant distingue entre las personas y cosas a partir de una diferencia esencial: Las cosas se utilizan de modo instrumental, mientras que las personas son fines en sí mismos y no pueden ser utilizados simplemente como un medio para obtener nuestra voluntad. Es en dicha naturaleza de la persona como un fin en sí mismo, que se prohíbe que esta sea utilizada como un simple medio, donde descansa la dignidad de la misma.

Analizando esta línea kantiana, Manuel Atienza (2009) menciona dos dimensiones normativas de la dignidad:

> En la noción (normativa) de dignidad pueden distinguirse dos dimensiones. Una es la dignidad en cuanto fundamento último de los derechos; así entendida, la dignidad señala, por así decirlo, el límite de la moral y ordena no tratarnos a nosotros mismos ni a los demás exclusivamente como medios. Otra es la dignidad traducida en derechos fundamentales concretos, como los derechos de la personalidad o las garantías procesales. En cuanto fundamento último de los derechos, es obvio que la dignidad no puede ceder frente a ninguna otra exigencia (las razones basadas en la dignidad son absolutas); pero los derechos basados en la dignidad sí que pueden ser ponderados con otros (la libertad de expresión, por ejemplo, puede prevalecer frente al honor o la intimidad). (p. 92)

La dignidad se menciona y protege en numerosos instrumentos internacionales en materia de derechos humanos, siendo uno de los más relevantes históricamente la Declaración Universal de los Derechos Humanos (1948), donde en su artículo primero se establece que la dignidad pertenece a todos por igual: “Todos los seres humanos nacen libres e iguales en dignidad y derechos y, dotados como están de razón y conciencia, deben comportarse fraternalmente los unos con los otros”.

En este contexto, al reconocer que la dignidad pertenece a todas las personas por igual, sin excepción alguna, y considerando que es tan amplio y discutido el concepto de dignidad humana, hemos de mencionar los puntos principales a considerar sobre esta:

a) La dignidad humana es inherente a toda persona.
b) La propia naturaleza del ser humano implica que este posee dignidad.
c) La dignidad forma parte de la esencia del ser humano.
d) No puede concebirse a la persona sin ella.
e) La persona tiene un fin en sí misma y no debe ser utilizada como medio.

VII. LOS DERECHOS HUMANOS.

Los derechos humanos y la dignidad tienen una relación intrínseca, tal es la misma, que la propia Comisión Nacional de Derechos Humanos define los derechos humanos como "el conjunto de prerrogativas sustentadas en la dignidad humana, cuya realización efectiva resulta indispensable para el desarrollo integral de la persona". En este contexto, podemos inferir que al ser la dignidad una condición propia de todos los seres humanos, los derechos humanos también son, en igual medida, pertenecientes a todas las personas.

Miguel Carbonell (2015) reafirma lo anterior al indicar que "lo interesante es tener claro que cuando hablamos de derechos humanos nos estamos refiriendo a la protección de los intereses más vitales de toda persona, con independencia de sus circunstancias o características personales" (p. 37).

Los derechos humanos, como señala Antonio Pérez Luño (1979), vienen a ser entonces, el "conjunto de facultades e instituciones que, en cada momento histórico, concretan las exigencias de la dignidad, la libertad y la igualdad humana, las cuales deben ser reconocidas positivamente por los ordenamientos jurídicos a nivel nacional e internacional" (como se citó en Pérez, 1993).

Nuestra Constitución Política de los Estados Unidos Mexicanos, a partir de la reforma del 2011, reconoce y establece una amplia protección a los derechos humanos en su artículo primero:

a) En su primer párrafo, se establece que todas las personas gozan de los derechos humanos y las garantías para su protección que la Constitución y los tratados internacionales -de los que el Estado Mexicano sea parte- reconocen. Planteando además que estos no pueden ser restringidos ni suspendidos, salvo en los casos y bajo las condiciones la propia Constitución establece, mismos que son reducidos.

b) En su segundo párrafo, se establece la exigencia de la interpretación conforme y el principio *pro persona*. La interpretación conforme implica que las normas relativas a derechos humanos, deben de ser interpretadas conforme a la propia Constitución y a los tratados internacionales de los que el Estado Mexicano sea parte. Por su parte, el principio *pro persona*, exige que dicha interpretación sea siempre a favor de las personas y buscando la protección más amplia para las mismas.

c) Su tercer párrafo es uno de los más importantes dentro de esta investigación, pues establece la obligación a las autoridades de promover, respetar, proteger y garantizar los derechos humanos de conformidad con los principios de universalidad, interdependencia, indivisibilidad y progresividad. Esta obligación por sí misma, tiene una gran cantidad de implicaciones para las autoridades, a las cuales se suma la obligación del Estado de prevenir, investigar, sancionar y reparar las violaciones a los derechos humanos, en los términos que establezca la ley.

d) Su quinto párrafo establece la prohibición de la discriminación motivada por cualquier condición o característica que atente contra la dignidad humana y tenga por objeto anular o menoscabar los derechos y libertades de las personas.

Así pues, conociendo este marco de protección de derechos humanos, su relación con la dignidad humana, y las diversas implicaciones que la violencia sexual tiene en la víctima, particularmente el delito de violación, corresponde ahora realizar la discusión en base a estos conocimientos.

VIII. DISCUSIÓN Y RESULTADOS.

Una de las interrogantes que esta investigación busca resolver es si el delito de violación vulnera la dignidad de la víctima, y de qué manera lo hace. Para ello, hemos de analizar la Ley General de Víctimas (2013), donde la víctima es definida como la "persona que directa o indirectamente han sufrido el menoscabo de sus derechos producto de una violación de derechos humanos o de la comisión de un delito" (p. 6), mientras que la dignidad se conceptualiza como un "valor, principio y derecho fundamental base y condición de todos los demás. Implica la comprensión de la persona como titular y sujeto de derechos y a no ser objeto de violencia o arbitrariedades por parte del Estado o de los particulares" (p. 2).

De las anteriores definiciones se desprende que:

a) La víctima sufre el menoscabo de sus derechos al sufrir la comisión de un delito.

b) La dignidad es un derecho fundamental base y condición de los demás.

c) La dignidad prohíbe ser objeto de violencia.

Derivado de lo anterior, se puede afirmar que, al cometerse el delito de violación, la víctima no solo ve violentados sus derechos, sino que su propia dignidad es vulnerada al objeto de violencia sexual.

El delito de violación implica que se utilice a la víctima para satisfacer un deseo o necesidad sexual en contra de su consentimiento, empleando la violencia y violando la seguridad y libertad de la víctima. Retomando la concepción de Kant sobre la dignidad, en el delito de violación, el perpetrador emplea a la víctima como un medio para obtener su voluntad, esto es, la utiliza como si de una cosa se tratara, violando así su dignidad.

La Suprema Corte de Justicia de la Nación[4] (2014) ha sostenido que la violencia en contra de la mujer sí representa una violación a la dignidad humana:

> La violencia contra la mujer es una ofensa a la dignidad humana y constituye una violación de derechos humanos y a las libertades fundamentales, que limita total o parcialmente su goce o ejercicio, esto es, la violencia contra la mujer incluye actos que infligen daños o sufrimientos de índole física, mental o sexual, amenazas de cometer esos actos, coacción y otras formas de privación de la libertad; por lo que el Estado también es responsable de los actos de violencia contra las mujeres perpetrados por particulares en tanto no adopte medidas con la diligencia debida para impedir la violación de derechos o para investigar y castigar actos de violencia e indemnizar a las víctimas

Este criterio, además de reconocer a la violencia como ofensa a la dignidad humana, plantea la responsabilidad del Estado en la comisión de estos actos. Esta responsabilidad del Estado con las víctimas, constituye nuestra segunda interrogante a resolver dentro de la presente.

---

4 SCJN de aquí en adelante.

La SCJN afirma que el Estado es responsable por los actos de violencia en contra de las mujeres en tanto no adopte las medidas para:

1. Impedir la violación de derechos.
2. Investigar y castigar los actos de violencia.
3. Indemnizar a las víctimas.

Tratándose del delito de violación, los primeros dos puntos se encuentran parcialmente satisfechos al establecerse en materia penal las sanciones y protocolos de investigación de este delito, sin embargo, es evidente que en la realidad se ven superados estos esfuerzos, pues existen condiciones externas a las posibilidades Estatales que impiden conseguir dichos objetivos, es ahí donde se hace necesaria la realización del tercer punto, consistente en la indemnización de las víctimas.

Al analizar estos puntos, en relación con el artículo primero constitucional que ya hemos estudiado anteriormente, se reconoce de manera indudable que el Estado guarda una profunda responsabilidad hacia la víctima, debiendo prevenir, investigar, sancionar y reparar las violaciones a sus derechos humanos.

Dicha reparación, de acuerdo con la Ley General de Víctimas, habrá de comprender las siguientes medidas:

a. De restitución

   Entendiéndose estas como las destinadas a devolver a la víctima a la situación en que se encontraba previo a la comisión del delito.

b. De rehabilitación

   Su objetivo es facilitar a la víctima el poder enfrentar los efectos que sufre como consecuencia de la comisión del delito en su contra.

c. De compensación

Debiendo ser proporcionales a la gravedad del delito cometido en su contra, esta medida garantiza que se le otorgue a la víctima los perjuicios, sufrimientos y pérdidas económicas que sufrió como consecuencia de la comisión del delito.

d) De satisfacción

Destinadas a reconocer y restablecer la dignidad de la víctima. La Ley no explica mucho más sobre ellas, sin embargo, en el contexto del delito de la violación, es evidente que se dirigen precisamente a responder ante la vulneración que sufre la víctima en su dignidad.

e) De no repetición

Deben buscar que el hecho delictivo–y con este la violación a los derechos humanos y a la dignidad de la víctima- no vuelva a repetirse.

La Convención Interamericana para Prevenir, Sancionar y Erradicar la Violencia contra la Mujer "Convención De Belem Do Para" (1994) establece, además, una serie de obligaciones adicionales a los Estados Parte, de entre las cuales destacan el adoptar "por todos los medios apropiados y sin dilaciones, políticas orientadas a prevenir, sancionar y erradicar dicha violencia", así como medidas específicas y programas dirigidos a:

a) Fomentar el conocimiento y la observancia del derecho de la mujer a una vida libre de violencia y a que se respeten y protejan sus derechos humanos.

b) Modificar patrones socioculturales de conducta de hombres y mujeres que legitiman o exacerban la violencia contra la mujer.

c) Fomentar la educación y capacitación del personal en la administración de justicia, policial y demás funcionarios encargados de la aplicación de la Ley.

d) Ofrecer a la mujer objeto de violencia acceso a programas eficaces de rehabilitación y capacitación que le permitan participar plenamente en la vida pública, privada y social.

México materializa legislativamente dichas obligaciones y compromisos internacionales por medio de la Ley General de Acceso de las Mujeres a una Vida Libre de Violencia (2007) al establecer un marco normativo en el que se obliga a las instituciones y autoridades del Estado a adoptar medidas para la prevención, sanción y erradicación de todas las formas de violencia contra las mujeres. En el caso específico del delito de violación, el Estado asume el deber de implementar acciones que garanticen acceso efectivo a la justicia, atención integral y reparación del daño a las víctimas, asegurando así el respeto y la protección de sus derechos humanos y de su dignidad.

IX. CONCLUSIONES

El análisis exhaustivo realizado sobre la posible vulneración a la dignidad humana de la víctima que constituye el delito de violación, estudiado con base en la normatividad nacional e internacional, la jurisprudencia emitida por la Suprema Corte de Justicia de la Nación, así como la doctrina relacionada al tema, nos permite identificar las verdaderas implicaciones y consecuencias que este delito trae consigo.

Esta forma de violencia sexual no solo representa un problema grave de salud pública, sino que también es una violación de derechos humanos que afecta no solo la integridad física y psicológica de la persona, sino que degrada su condición humana al instrumentalizarla como un mero medio de satisfacción sexual, en detrimento de su libertad y seguridad personal.

Lo anterior implica que el delito de violación no solo se trata de una manifestación máxima de la violencia sexual, problemática que perturba la vida social de nuestro país, sino que también significa el dominio de una persona con el objetivo de realizar la cópula con la misma, empleándola como mero medio de satisfacción sexual y objeto de control.

En este sentido, y considerando que una de las concepciones normativas de la dignidad defiende que las personas no han de ser utilizadas como un medio para llegar a un fin, pues constituyen un fin en sí mismas, se ha de afirmar que en cualquier contexto en el que se instrumentalice a una persona, esto es, se utilice para satisfacer un fin u objetivo propio, se vulnera su dignidad humana. Esto es precisamente lo que sucede cuando se comete el delito de violación.

El marco jurídico mexicano, alineado con los compromisos internacionales y las interpretaciones de la Suprema Corte de Justicia de la Nación, establece la responsabilidad del Estado de prevenir, investigar, sancionar y reparar las violaciones a los derechos humanos derivadas de la violencia sexual, especialmente en el delito de violación, reconociéndolo como una lesión a la dignidad humana de la víctima.

Las estadísticas en torno al número de casos de violación en nuestro país, definitivamente nos permiten ver la evidente la necesidad de una respuesta integral que abarque no solo la materia legislativa, sino la protección de los derechos humanos y la dignidad de las víctimas. Esto será posible a través de la implementación de políticas públicas y reformas legales que fortalezcan la sanción, prevención y erradicación de la violencia sexual, en conformidad con los compromisos internacionales que México ha contraído, debiendo priorizar la contribución a restituir la dignidad de las víctimas y a reforzar el compromiso del Estado mexicano con las mismas.

FUENTES DE INFORMACIÓN

I. BIBLIOGRÁFICAS

Atienza, M. (2009). Sobre el concepto de Dignidad Humana. En Casado (Ed.), *Sobre la Dignidad y los Principios, Análisis de la Declaración Universal sobre Bioética y Derechos Humanos UNESCO* (pp. 73-93). Editorial Aranzadi, SA.

Figueroa, G. (2009). La dignidad y el derecho a la vida (vivir con dignidad). En Casado (Ed.), *Sobre la Dignidad y los Principios, Análisis de la Declaración Universal sobre Bioética y Derechos Humanos UNESCO* (pp. 131-144). Editorial Aranzadi, SA.

Pérez, A. (febrero-octubre 1993). El Concepto de los Derechos Humanos y su Problemática Actual. *Derechos y Libertades,* (01), 179-195.

II. ELECTRÓNICAS

Carbonell, M. (2015). *Los Derechos Fundamentales y su Interpretación.* UNAM. México. https://archivos.juridicas.unam.mx/www/bjv/libros/8/3826/6.pdf

César Alejandro Giles Navarro. (2023). *El panorama de la violencia sexual contra las mujeres en México* (Informe n° 194). Instituto Belisario Domínguez. Dirección General de Difusión y Publicaciones. http://bibliodigitalibd.senado.gob.mx/bitstream/handle/123456789/6030/NE_194_ViolenciaSexualvxMujeresMx%5b67%5d.pdf?sequence=1&isAllowed=y

Comisión Nacional de los Derechos Humanos. (s.f.). *¿Qué son los derechos humanos?.* https://www.cndh.org.mx/derechos-humanos/que-son-los-derechos-humanos

Delgado, J. (2020). Kant y la Dignidad Humana en la Corte Interamericana de Derechos Humanos. *Derechos y Libertades,* (43), 241-271. https://doi.org/10.14679/1185

Instituto Nacional de Estadística y Geografía. (2022). *Encuesta Nacional Sobre la Dinámica de las Relaciones en los Hogares (ENDIREH) 2021.* https://www.inegi.org.mx/contenidos/saladeprensa/boletines/2022/endireh/Endireh2021_Nal.pdf

National Sexual Violence Resource Center (2016). *El Impacto de la Violencia Sexual.* https://iris.who.int/bitstream/handle/10665/98821/WHO_RHR_12.37_spa.pdf?sequence=1

Organización Mundial de la Salud. (2013). *Comprender y abordar la violencia contra las mujeres.* https://iris.who.int/bitstream/handle/10665/98821/WHO_RHR_12.37_spa.pdf?sequence=1

Tesis [A.]: I.9o.P.44 P, T.C.C., Gaceta del Semanario Judicial de la Federación, Décima Época, tomo IV, Enero de 2014, p. 3189. Reg. digital 2005296. https://sjf2.scjn.gob.mx/detalle/tesis/2005296

III. LEGISLACIÓN Y TRATADOS INTERNACIONALES

Cámara de Diputados del H. Congreso de la Unión. *Ley General de Acceso de las Mujeres a una Vida Libre de Violencia.* Publicada en el Diario Oficial de la Federación el 9 de enero de 2013.

Cámara de Diputados del H. Congreso de la Unión. *Ley General de Víctimas.* Publicada en el Diario Oficial de la Federación el 9 de enero de 2013. (México).

Código Penal para el estado de Baja California [CPBC]. Art. 176-179. 20 de agosto de 1989. (México).

Constitución Política de los Estados Unidos Mexicanos [CPEUM]. Art. 1. 5 de febrero de 1917. (México).

Convención Interamericana para Prevenir, Sancionar y Erradicar la Violencia contra la Mujer "Convención De Belem Do Para". 9 de junio de 1994.

Declaración Universal de los Derechos Humanos. Artículo 1°.10 de diciembre de 1948.

Capítulo 7.

LA VÍCTIMA EN LA ACTUAL POLÍTICA CRIMINAL

MIGUEL ÁNGEL MELÉNDEZ EHRENZWEIG[1]

RESUMEN

La política criminal en México se encuentra en un constante proceso de cambio y renovación, sin embargo, esto no debe confundirse con su mejora y desarrollo, ya que se encuentra bastante lejos de ser adecuado y funcional. Lo anterior se debe a que esta gira principalmente en torno al imputado, ya sea en lo relativo a la protección de sus derechos humanos, o bien, a los métodos de control, represión y sanción de las conductas delictivas, mismos que son fijados a juicio de los legisladores sin llegar a considerar la realidad económica y sociológica de nuestro país, y olvidando por completo a la parte más relevante y que mayores afectaciones sufre durante todo proceso penal, como lo es el caso de la víctima.

Esto tiene como consecuencia la generación de cuestionamientos acerca de la efectividad de dicha política criminal en garantizar los derechos y protección de la víctima. No obstante, lo anterior, hemos de reconocer que la política criminal trae consigo importantes impactos sociales, por lo que, al ser desarrollada, orientada y utilizada correctamente, es la principal

1 Profesor investigador de la Facultad de Ciencias Administrativas y Sociales de la Universidad Autónoma de Baja California, integrante del Cuerpo Académico Estado de Derecho y Justicia.

herramienta con la que cuenta el Estado para la prevención del delito, de ahí la importancia y necesidad de incorporar a la misma diversos enfoques que se centren no únicamente en la conducta delictiva y el imputado, sino también en la víctima y su derecho a la reparación del daño.

Es así como se considera importante reflexionar sobre la importancia de actualizar y redirigir las políticas criminales de nuestro país hacia un modelo en el cual se priorice y trabaje en la protección integral de la víctima, reconociendo y teniendo en cuenta en todo momento las limitaciones estructurales y presupuestarias que pueden obstaculizar el desarrollo e implementación de la misma.

I. INTRODUCCIÓN.

Todo proceso penal no existiría de no ser por una figura relevante dentro del mismo, siendo la víctima, quien es una de las partes consagradas en el artículo 105 del Código Nacional de Procedimientos Penales y que hay que resaltar que es una de las más importante en todo proceso, dada su naturaleza de haber sido afectada en su integridad o en sus posesiones y donde tiene que recurrir al Estado para que éste solucione el menoscabo en el que se encuentra. Es así que la víctima, al verse violentada en sus derechos como ciudadana requiere una respuesta positiva. Sin embargo, en ocasiones se enfrenta a hechos, tales como que al acudir a solicitar protección del Estado éste brinda mayor protección y auxilio al delincuente imputado derivado de una legislación y una política criminal instaurada en su perjuicio.

A partir de la política criminal creada por el Estado, nacen las normativas, objetivos y estrategias que encabezan el combate a la delincuencia. Muchos de sus análisis nacen a partir de estadísticas de los delitos, olvidándose de antemano de que su prioridad es la atención a la víctima u ofendido. Y es aquí donde surge la duda de cómo resolver la problemática de que la víctima salga adelante si la política criminal creada por el Estado no le beneficia.

Dentro del presente se contempla un análisis del papel de la víctima dentro de los procesos penales actuales y su protección bajo la normatividad penal y la actual política criminal, estudiando si existen verdaderos beneficios hacia ella y al mismo tiempo si las políticas implementadas por el Estado le han sido favorables, dado que son otros tiempos de los sistemas inquisitivos, no sin antes acotar que la conducta delictiva siempre ha estado presente y que además la figura del Estado, quien también continúa activa en la protección de los derechos de la víctima, pero con una nueva modalidad y orientación trata de garantizar los derechos de ésta. Por tanto, se busca conocer si esa orientación actual le ha beneficiado o perjudicado a esta figura tan importante dentro de la ley penal y las políticas anticriminales.

II. DISEÑO METODOLÓGICO.

El desarrollo del presente se realizó bajo un enfoque teórico y cualitativo, utilizando para su desarrollo el análisis bibliográfico como herramienta principal, estudiando fuentes legislativas y doctrinales actuales en donde se aborda la teoría y normatividad de la política criminal vigente en nuestro país. Además, se realizó un estudio crítico relativo a la protección de los derechos de las víctimas en el sistema procesal penal mexicano, esto a fin de lograr emitir conclusiones en las que se mide el impacto de la política criminal actual en las personas afectadas por la comisión de delitos, es decir, la situación en la que se encuentran las víctimas en la política criminal de México.

La metodología seguida fue en primer lugar, se realizó un estudio de la teoría y los conceptos clave que nos permiten entender la política criminal, esto engloba temas como la victimología y los derechos humanos, estudiando a autores reconocidos como Luigi Ferrajoli, Giovanni Sartori y Gustavo Malo Camacho.

Posteriormente se contrastó dicha doctrina con el actual marco normativo en el cual se sustenta la política criminal, analizando principalmente el Código Nacional de Procedimientos Penales, y demás disposiciones legales relacionadas con el desarrollo del proceso penal, y los derechos de las víctimas en México.

Finalmente, se realizó una reflexión crítica donde se pretende evaluar la efectividad de las estrategias estatales relacionadas a la política criminal y su alineación con los principios de justicia, protección y reparación integral de la víctima, así como la prevención del delito.

Este diseño metodológico nos permite, en primer lugar, realizar un análisis comprensivo en torno a la política criminal mexicana, en relación con la normatividad que regula el proceso penal, y, en segundo lugar, emitir reflexiones críticas evaluando la protección que dichas políticas otorgan a las víctimas de delitos.

III. DIMENSIÓN SOCIAL DE LA VÍCTIMA ANTE LA POLÍTICA CRIMINAL.

Resulta importante entrar al estudio de fuentes legislativas y doctrinales actuales en donde se aborda la teoría y normatividad de la política criminal vigente en nuestro país, para tales efectos, el Diccionario Panhispánico de la Real Academia de la Lengua Española (2023) nos proporciona su definición en tres interesantes vertientes que son:

- *"Actividad pública que tiene por objeto adoptar los criterios y disponer los medios para prevenir la delincuencia".*

- *"Conjunto de criterios que permiten valorar la orientación del derecho penal vigente y proponer las condiciones para su eficacia en el futuro".*
- *"Rama de conocimiento que se ocupa del estudio de los criterios y medios adecuados para la prevención de la delincuencia".*

En ese orden de ideas, se puede considerar a la política criminal como una actividad propia del Estado, que conlleva una orientación del derecho penal y que su finalidad principal es el combate y prevención de la delincuencia.

Así mismo, una parte importante de la política criminal, es la víctima, esto debido a que la ciudadanía se ve afectada en sus derechos cuando son presas de un delito, así es individualmente para cada una de las víctimas, máxime que no respeta estratos sociales pero que, al final siempre habrá un personaje más débil. Para ello Castañeda (2004) brinda una respuesta al establecer que:

> *La seguridad jurídica de las personas se relaciona, en primer lugar y, ante todo, con la seguridad de la gente de menores recursos, que es la más desprotegida y la más frágil desde este punto de vista, ya que es en los barrios y en los pueblos de menor nivel de desarrollo donde tiene lugar la mayor violencia. La agresión ocurre dentro de las familias, entre las personas y sobre todo a raíz de los excesos de autoridad por parte de los cuerpos de seguridad del Estado. (p. 73)*

El fundamento para que la víctima encuentre un respaldo social es la democracia, solo la democracia puede cambiar una política criminal. Para ello es indubitable describir a este gran derecho que todo ciudadano accede. Para ello el maestro Giovanni Sartori (1997) señala que:

> *Decimos democracia para aludir, a grandes rasgos, a una sociedad libre, no oprimida por un poder político, discrecional e incontrolable ni dominada por una oligarquía cerrada y restringida, en la cual los gobernantes "respondan" a los gobernados.*

> *Hay democracia cuando existe una sociedad abierta en la que la relación entre gobernantes y gobernados es entendida en el sentido de que el Estado está al servicio de los ciudadanos y no los ciudadanos al servicio del Estado, en la cual el gobierno existe para el pueblo y no viceversa. (pp. 23-24)*

Lo anterior, tiene relevancia a que la víctima conozca sus derechos y que cuente con herramientas y conocimientos para poder prevenir conductas delictivas, ello en coadyuvancia con el agente del ministerio público correspondiente y con los elementos municipales en sus tareas de prevención, pues la prevención del delito incluye diversas tareas relacionadas con la orientación y educación de la población, pero especialmente las que requieren prevenir las condiciones sociales que conducen a las conductas ilícitas .

En lo que hace a la *teoría de la política criminal,* que aplican los Estados en contra de la criminalidad, ésta siempre tendrá como base una teoría que finalmente se convertirá en una ley de la cual surgirá a su vez la política criminal a seguir durante un periodo o periodos de gobierno. Existen en este campo diversas teorías al respecto. Una de las más interesantes es la que nos ofrece Prado Saldarriaga (2019) quien divide esas decisiones políticas en tres diferentes tipos de teorías mismas que cuentan con su visión o perspectiva, pero que en el fondo tienen un objetivo común, que es la prevención y el control penal de conductas sociales que se valoran como negativas, perjudiciales o disfuncionales a los estándares colectivos de convivencia, legitimidad y tolerancia. Dichas teorías son las siguientes:

a) Criminalización. El autor nos define esta teoría simplemente como el criminalizar una conducta social lícita y tolerada para que pase a formar parte de lo ilícito penal, penalizando su ejecución convirtiendo al autor de dicha conducta en un delincuente. Su estrategia es la de extender los límites de lo penal para ahora etiquetarlo como criminal. Un ejemplo que brinda es el del maltrato animal hoy tipificado como delito en la normativa penal.

b) Sobrecriminalización. Debe entenderse por esto como aquellas medidas complementarias que intensifican la punibilidad y punición de una conducta criminalizada, esto es, potenciar el efecto punitivo para impulsar el objetivo del delito de castigar la conducta ilícita del individuo. Las modalidades a seguir las señala como:

1. Modificar cualitativa o cuantitativamente la pena del delito haciendo más grave su extensión y efectividad.
2. Incorporación o extensión de la pena de muerte o de prisión perpetua.
3. Suprimir para el acto criminalizado todo tipo de flexibilización punitiva o de reducción del cumplimiento de penas.
4. Incorporación de circunstancias agravantes específicas.
5. Inclusión de circunstancias agravantes cualificadas.
6. Eliminación de circunstancias atenuantes privilegiadas.
7. Ampliación diferenciada de los plazos de prescripción de la acción penal o de la pena.
8. Declarar la imprescriptibilidad de los delitos o penas.
9. Reducir la edad mínima de la capacidad penal o imputabilidad etaria.
10. Constitución de tribunales de excepción.
11. Juzgamiento de delitos y delincuentes comunes por tribunales militares.
12. Prohibición de acceso a procesos constitucionales de la libertad como el habeas corpus.

c) Neocriminalización. Son decisiones vinculadas a una noción de igualdad en la incidencia del control penal, criminalizando conductas que se valoran como socialmente negativas y que son practicadas desde los altos estratos de poder, como los delitos de empresa o de cuello blanco, la cibercriminalidad o los crímenes de Estado (2019).

Como ya se señaló, dentro de éstas teorías se busca principalmente las herramientas de la prevención, tema que debiera ser siempre un elemento de trabajo para el Estado, con la finalidad de reducir los hechos delictivos que afectan a un gran número de víctimas en el delito; en el mismo sentido se cuenta con el control penal de conductas sociales, mismas que son negativas y perjudiciales en el contexto social.

IV. EL FUNCIONALISMO POLÍTICO CRIMINAL.

La política criminal no debe únicamente servir para los fines de castigo y penas punitivas para el agresor y donde finalmente sea favorecida la víctima. El marco legal normativo a su vez también contempla derechos humanos en favor de aquél. Hoy ello existe y se debe básicamente al interés que nació de los países que vieron la grave afectación de la Segunda Guerra Mundial a todos ellos y sus ciudadanos, a partir de entonces se incorpora el tema del respeto de los derechos a la legislación mundial.

En el caso de la ley penal, los objetivos se crearon hacia una orientación político criminal basada en el positivismo sociológico con una preocupación hacia el delincuente, evolucionando hacia el interés por el hombre que aquel representaba. Esta tendencia tenía como finalidad entender el contenido de la ley penal a partir de sus fines: el fin de la norma y el fin de la pena. También derivó en que el derecho tiene un contenido social y una realidad social que tiene que ser no sólo regulada, sino eficazmente entendida y atendida por el derecho y brindar así la seguridad jurídica para la convivencia y protección de los bienes jurídicos de la comunidad.

Dentro de los frutos de esta tendencia, nace uno muy característico: la reparación del daño. Se trata no únicamente de tener confinado al agresor a causa de su conducta ilícita, proveyendo de una "justicia" en favor del ofendido, quien, a pesar de su victoria en juicio, sus bienes y su integridad como persona ya se encontraban mermados. De ahí que surge la reparación del daño como un instrumento para lograr la restitución de la cosa y de ser posible, el pago del precio de la misma; también como indemnización por el daño material y moral causado, incluyendo el pago de tratamientos curativos para la recuperación de la salud de la víctima y, por último, el resarcimiento de los perjuicios ocasionados. (Malo, 2003)

Es así, que se viene *"el castigo de la cárcel como respuesta a la víctima"*, donde la cárcel, por su particularidad es la institución por excelencia para la represión del delito en la modernidad, menciona Zamora Grant (2014). Y, como uno de los pilares importantes de una política criminal, añade que:

> *La utilización de la pena privativa de la libertad como la panacea de las sanciones o castigos no es más que el reflejo de un derecho penal que en la modernidad, como antaño, ha priorizado los intereses del Estado por sobre el de los gobernados, y por tanto de las agencias de justicia penal por sobre los intereses de las víctimas de los delitos y, por supuesto, de sus victimarios.*
>
> *La cárcel se constituye entonces como uno de los principales instrumentos de dominación con que el Estado cuenta para anteponer sus intereses y mantener el control. (pp. 22-69)*

Por lo que, resulta importante mencionar, que existen factores externos que afectan indirectamente a la víctima, factores que debieran ser trabajados dentro de la política criminal, pues al no ser atendida de manera adecuada, resulta una afectación indirecta lo que provoca la criminalidad. Por mencionar un ejemplo y que no debe dejarse pasar por alto, es la escasa inversión en infraestructura dentro de la ciudad. Existen vialidades tanto carreteras como calles en el entorno urbano que, al encontrarse en pésimas condiciones, provoca que los conductores disminuyan su velocidad, al grado de hacer un alto total, lo que es aprovechado por la delincuencia para cometer delitos tales como el robo o la extorsión, convirtiendo al afable ciudadano en una víctima de la delincuencia. Lo mismo sucede en los centros urbanos los cuales no cuentan con la debida iluminación en los lugares públicos como calles o parques, o simplemente la ausencia de circulación policial o afectación laboral, que ha permitido que el grado delincuencial incremente de manera considerada, estos hechos son aprovechados por la delincuencia para arremeter contra los ciudadanos; es así que, sería importante que la política criminal debe enfocarse también en incidir en las políticas públicas para que se cuente con infraestructura pública en óptimas condiciones que ayuden a reducir los índices de criminalidad.

También ha surgido un fenómeno que afecta por mucho la vida de los ciudadanos a raíz de que el Estado ha dejado de cumplir sus funciones básicas de beneficio a la sociedad como lo es la creación de escuelas, hospitales, áreas recreativas, seguridad, entre otras; funciones tales, que hoy en día están siendo suplidas por la delincuencia organizada, quien ahora a través de sus células delictivas se han consumado como un ente en favor del pueblo, donde éste ha llegado a solicitar su ayuda para que realicen labores de seguridad, para la búsqueda de personas o simplemente de apoyos económicos y alimentarios, fenómeno que se empieza a conocer como sustitución del Estado.

En circunstancias similares se encuentran los casos de las niñas y adolescentes desaparecidas, llegando a un nivel de vanagloria por parte de los poderes ejecutivos de los Estados cuando una víctima de ese sector es localizada, considerándose un gran logro por parte de las fiscalías. El problema que aquí radica es la falta de seguimiento al caso, porque al ser localizada la víctima, se concluyen las labores de investigación y se archiva la carpeta. Aquí es donde el Área de Atención a Víctimas debería dar seguimiento para dar respuesta al cuestionamiento de por qué desaparecen, lo que llevaría a mejorar los procesos de investigación para que después las labores de búsquedas se lleguen a resolver de manera inmediata. Que cabe hacer mención que lo ideal sería no tener este tipo de hechos delictivos.

Es necesario mencionar que dentro del área de víctimas las que más sufren los embates del delito son las mujeres y, más aún, aquellas que sufren una muerte violenta. Se habla actualmente de que las muertes violentas han obtenido resonancia por medio de la agenda mediática y política. Las crecientes demandas de lograr justicia efectiva y poner fin a la impunidad han sido alzadas como bandera de lucha por parte de este sector femenil y sobre todo incidir en las políticas criminales. La eficacia de estos movimientos ha sido y ha provenido de otros anteriores, mismos que lograron en medio de dictaduras el anclar el discurso de los derechos humanos en el centro de la agenda pública de la transición a la democracia. (Roniger, 2018).

En otro sentido, se cuentan con los factores al interior de las corporaciones que afectan indirectamente a la víctima, en este tema, surgen inmediatamente diversas problemáticas, siendo la más recurrente la parte presupuestal para las fiscalías persecutoras de delitos donde es muy claro para la comunidad litigante percatarse de la falta de personal y, peor aún, es la falta de agencias especializadas para la atención integral del ofendido. La misma situación se presenta en las direcciones municipales de seguridad pública, donde la falta de elementos o agentes termina por dar una atención deficiente en la prevención del delito, así como las escasas unidades para el uso de vigilancia y reacción ante la ciudadanía, logrando como mal resultado que un delito que hubiese sido posible asistirlo en plena flagrancia termine por darle una considerable ventaja al delincuente al punto de no poder dar con él. Lo anterior es muy común en los centros urbanos que han tenido crecimientos poblacionales considerables en los últimos años. Aunado a esto, la falta de atención a las necesidades prioritarias de brindar seguridad y confianza a la ciudadanía.

El olvido de los gobiernos estatales hacia sus fiscalías locales ha causado que, por cada unidad especializada de investigación, éstas se encuentren trabajando con escasos ministerios públicos titulares y sus auxiliares respectivos, para dar atención a más de 3,000 carpetas de investigación anualmente. En esa misma tesitura, se encuentra que las labores de investigación no se encuentran coadyuvando de manera integral aportando la información necesaria que una unidad necesita de la otra, lo que llevaría a que le víctima estuviese formalmente protegida bajo el manto de la representación social.

Aunado a lo anterior, es cuando se realizan operativos donde se tiene que reforzar la seguridad de un lugar determinado y para ello se requiere del traslado de un número considerable de elementos, dejando a su lugar de origen en franco estado de indefensión.

También la tecnología juega un papel preponderante al interior de las corporaciones, debido a la falta de actualización de su equipo, sobre todo el de cómputo, donde se labora con herramientas electrónicas y bases de datos obsoletas. Tal es el caso de los peritos, quienes, al contar con escaso equipo, es que se convierte en una unidad de periciales con muy poco personal, por lo que retrasa las etapas de investigación, turnándose en un calvario para la víctima si esa unidad pericial debe dar asistencia a diversos municipios en una entidad federativa.

Una práctica común en las corporaciones es la de los puestos públicos que se consiguen en base a triunfos electorales o por nepotismo, que son plazas ocupadas por técnicos y profesionistas sin los conocimientos, aptitudes y habilidades necesarios para ocupar esos cargos altamente remunerados. En contraste, muchos elementos abandonan sus puestos debido a que no cuentan con seguridad social y peor aún, sin un seguro de vida que proteja a sus familias en caso de un deceso.

V. LA ACTUALIDAD DE LA POLÍTICA CRIMINAL EN MÉXICO Y LA VÍCTIMA.

La política criminal es un tema que merece estudio constante y donde siempre las partes inmersas en su ámbito de competencia deben estar actualizados. Al respecto, el renombrado jurista Ferrajoli (2006) reconoce que nuestra política criminal ha sido siempre una política de emergencia, sin asesoramiento de un diseño teórico, sin dimensión axiológica, el cual deviene en un derecho penal máximo, como puede apreciarse en los actuales legisladores quienes a partir de sus criterios personales aumentan las penas en los códigos penales creyendo que con ello ya se soluciona el problema de la alta criminalidad, resultando ineficaz e inflacionario, debido a los altos costos en infraestructura y equipo que al final termina por no obtener resultados serios. También evoca que la doctrina penal parece haber renunciado al papel crítico y propositivo que lo caracterizó en sus orígenes iluministas y donde ahora ha caído en un iuspositivismo malentendido.

También menciona que la legislación se encuentra carente de valores y sin utilidad para los ciudadanos, donde ahora sus fines son políticos y que no protege los bienes fundamentales merecedores de la tutela penal, creando a su vez infracciones dispares. De hecho, es en América Latina donde los grupos de poder envían un mensaje que sugiere que la verdadera criminalidad que se busca perseguir es la callejera y de subsistencia. Por tanto, añade, los delitos de "cuello blanco", como lo son la corrupción, la falsedad en balance, los fraudes fiscales, el lavado de dinero no se tocan, así también es para los crímenes de guerra, las guerras, las devastaciones del ambiente y lo atentados contra la salud, suelen quedar impunes, sino que los delitos graves son los robos, robos de vehículos de motor, robo a la vivienda, el narcomenudeo deben perseguirse, mucho peor, es porque quienes los llevan a cabo son inmigrantes, desempleados, sujetos marginales, a quienes se les identifica como "clase peligrosa".

Ahora bien, en lo que hace a la restitución de la víctima en la política criminal y los procesos penales, históricamente, la víctima vivió mucho tiempo excluida del procedimiento penal, desde su origen hasta llegar al sistema inquisitivo. Se pensaba que darle mayores consideraciones sería desvirtuar la naturaleza pública del ordenamiento jurídico penal, deviniendo en un derecho penal privado, atávico y antigarantista. Pero todo ello quedó atrás, considerando que el papel de la víctima ha cambiado con la irrupción de la victimología. Esto es, bajo la comprensión de un sistema penal bajo un modelo garante, propio de un Estado de Derecho y una maximización de los derechos humanos han reintegrado a la víctima en el papel importante que ocupa en el drama penal.

No obstante, lo anterior, el sentimiento y la percepción de la sociedad en su papel de víctimas, aún con el nuevo sistema penal adversarial acusatorio y políticas criminales actuales, existe el pensamiento de que se le da más prioridad al delincuente que a la víctima misma, por lo que el Estado necesita redoblar esfuerzos para lograr se cambie dicha percepción.

VI. DISCUSIÓN Y RESULTADOS.

Como se ha planteado dentro del desarrollo de la presente investigación, el principal objetivo de la misma ha sido estudiar la situación de la víctima en la política criminal actual mexicana. Para ello, se inició definiendo el concepto de política criminal como una actividad que en primer lugar es propia del Estado, esto significa que el Estado mexicano es quien tiene la obligación de desarrollarla e implementarla, respetando, promoviendo, y protegiendo los derechos humanos, no sólo del imputado, sino también de la víctima. Esta actividad del Estado, se caracteriza por conllevar una orientación del derecho penal, esto en razón de su inevitable naturaleza y relación a la comisión de delitos, teniendo como su finalidad principal el combate y prevención de los mismos.

Dicha finalidad es uno de los principales aspectos que se estudian críticamente a lo largo de la presente investigación, pues es inevitable que surja una gran interrogante: ¿Qué alcance tiene la finalidad de la política criminal? Esto es, ¿de qué manera se combaten y previenen los delitos? Como hemos analizado anteriormente, en México la política criminal parece encontrarse orientada y centrada principalmente en relación al imputado, desde dos perspectivas: la protección de sus derechos humanos y la sanción y represión del delito.

Como consecuencia de esta orientación, se descuida e ignora a la parte más afectada desde la comisión del delito, y durante la totalidad del transcurso del proceso penal, misma que es la víctima. Bastante se ha analizado ya en torno a esta figura, planteando diversos factores externos que le afectan indirectamente ya que generan situaciones donde se propicia y facilita la comisión de hechos delictivos en su perjuicio, así como otros factores al interior de las corporaciones que perpetúan el sufrimiento de las víctimas, relacionados principalmente a la falta de presupuesto y personal capacitado para atenderlas y responder rápida y eficazmente a las situaciones de riesgo.

Finalmente, emito una opinión crítica respecto a la principal problemática que ha convertido a la política criminal mexicana en un fenómeno meramente legislativo, que sufre constantes cambios que carecen de dirección o propósito alguno, basados en percepciones personales de los legisladores, creando un sistema penal que la percepción es que protege a los delincuentes de buena situación económica, y reprime a las clases sociales más desfavorecidas, ignorando que son las propias políticas públicas las que en muchas ocasiones propician la comisión de hechos delictivos debido a las condiciones precarias de vivienda, la pobreza, el hambre y la ausencia de apoyos estatales que generen más empleo y prosperidad económica para las familias.

VII. CONCLUSIONES.

Se ha discutido al interior del Poder Legislativo una reforma trascendental al artículo 21 constitucional, donde se otorga facultades de policía investigadora a la Guardia Nacional (GN) y a la Secretaría de la Defensa Nacional (SEDENA), desviándose de sus principales objetivos para las cuales estos organismos fueron creados. ¿Cómo resultará en la práctica, cuando la víctima solicite al número de emergencias 911 el auxilio para la prosecución de un delito y acuda a su domicilio un grupo de militares con cascos, rostro encubierto y sin soltar sus armas de alto poder?. A eso habrá que añadirle sus nulos conocimientos en criminología y psicología de la víctima, ya que su principal atributo es el defender al país a toda costa, siendo su capacitación y entrenamiento la de privar de la vida al enemigo. Es importante resaltar, que la víctima se encuentra en un estado vulnerable y lo que en ese momento requiere es sentir la seguridad y protección por parte del Estado y no hechos que le generen inseguridad.

Hoy se habla de los sujetos que son "Generadores de violencia", el cual resulta ser un simple delincuente quien es detenido, cuya principal característica es que nadie sabía de él y, de repente y ante los ojos de la sociedad aunado a una fuerte campaña mediática, ese individuo hoy es un "generador de violencia", que no es más que una cortina de humo por parte del Estado, pero que al final no es una verdadera respuesta en auxilio de las víctimas de un delito ni mucho menos contribuye a reducir la inseguridad y ni siquiera es la respuesta proveniente de una verdadera política criminal.

También y a manera de sugerencia, debería existir una mesa de estudio y análisis con carácter autónomo que conjunte a criminalistas, criminólogos, policías ministeriales, agentes del ministerio público, académicos, colegios de abogados, organismos de la sociedad civil, entre otros, para que se erija como un organismo autónomo que se convierta en un ente que aporte experiencias y soluciones para hacer aportaciones de conocimientos valiosos a los gobiernos en orden de mejorar las actuales políticas criminales ya que contarán con mayores criterios y elementos para optimizar estrategias y objetivos encausados a combatir a la delincuencia reduciendo los índices de criminalidad.

El nuevo gobierno del país ha presentado su plan de seguridad en el cual para el periodo 2024-2030, el contempla una serie de ejes rectores y entre estos se encuentra el de erradicar la pobreza donde su principal estrategia es el asistencialismo, basado en la entrega de apoyos económicos a las clases más desprotegidas, pero que finalmente ha resultado en una fallida política donde no existe crecimiento económico ni se crean mayores empleos, fomentando así que los jóvenes, sobre todo aquellos de asentamientos humanos en pobreza extrema, sean inducidos a trabajar para la delincuencia organizada debido a la falta de oportunidades de empleo y estudios.

En recientes fechas se ha creado en nuestra entidad una Unidad Especializada y Capacitada conformada por elementos policiales y personal experto en áreas jurídica y psicológica para brindar atención integral a mujeres, niñas, niños y adolescentes víctimas de violencia de género. La citada Unidad cuenta con equipo propio conformado por policías de investigación, ambulancias y servicios médicos.

Quien absorberá las consecuencias de toda esa criminalidad naciente serán aquellos ciudadanos que no se encuentran dentro de esos ambientes, pero que pronto pertenecerán a ese rubro en calidad de víctimas de delitos a causa de una ineficiente política criminal mal encausada.

VIII. FUENTES DE INFORMACIÓN

I. BIBLIOGRÁFICAS

Castañeda, Jorge G. Somos muchos. Ideas para el mañana. Editorial Planeta Mexicana. México, 2004. Pág. 73.

Derechos Humanos en la Constitución: Comentarios de Jurisprudencia Constitucional e Interamericana. Tomo I. Ferrer Mac-Gregor Poisot, Eduardo; Caballero Ochoa, José Luis; Steiner, Christian; coordinadores. Suprema Corte de Justicia de la Nación, Instituto de Investigaciones Jurídicas de la Universidad Nacional Autónoma de México (UNAM) y Fundación Konrad Adenauer. Primera Edición. México, 2013. Pág. 192-193,353.

Ferrajoli, Luigi. Garantismo penal. Universidad Nacional Autónoma de México. Colección Lecturas Jurídicas. Serie Estudios Jurídicos. Número 34. Primera edición. México, 2006. Pág. 31-32.

Introducción a la Administración Pública y el Gobierno Municipal. Secretaría de Gobernación. Cuarta Edición, México, 2010. pp. 132.

Malo Camacho, Gustavo. Derecho Penal Mexicano. Editorial Porrúa. Quinta edición. México, 2003. Pág. 140, 636.

Prado Saldarriaga, Víctor Roberto. Derecho Penal y Política Criminal: Problemas contemporáneos. Gaceta Jurídica. Primera edición. Perú, 2019. Pág. 29-31.

Roniger, Luis. Historia mínima de los derechos humanos en América Latina. Primera edición. El Colegio de México, México, 2018. Pág. 161.

Santacruz Morales, David; Santacruz Fernández, Roberto. Temas selectos del derecho penal mexicano. Benemérita Universidad Autónoma de Puebla. Primera edición. México, 2018. Pág. 142.

Sartori, Giovanni. ¿Qué es la democracia? Nueva imagen, México, 1997, pp.23-24.

Zamora Grant, José. La víctima en el nuevo proceso penal acusatorio. Universidad Nacional Autónoma de México. Pág 22-69.

II. ELECTRÓNICAS

Diccionario Panhispánico de la Real Academia de la Lengua Española. Página oficial visitada el 22 de octubre de 2024. Recuperado de: https://dpej.rae.es/lema/pol%C3%ADtica-criminal

Escuadrón Violeta del Gobierno del Estado de Baja California. Página Oficial visitada el 25 de octubre de 2024. Recuperado de: https://www.seguridadbc.gob.mx/PrevencionDelito/EV.php

III. LEGISLACIÓN

Código Nacional de Procedimientos Penales [CNPP]. 5 de marzo de 2014. (México).

Capítulo 8.

LA VIOLENCIA OBSTÉTRICA EN MÉXICO. UNA PROPUESTA A LOS PAÍSES IBEROAMERICANOS

[1]MTRA. LIDIA INÉS SERRANO SÁNCHEZ
[2]DR. NIMROD MIHAEL CHAMPO SÁNCHEZ

ESTUDIO DE LA VIOLENCIA OBSTÉTRICA

Diversas propuestas tanto internacionales como nacionales, han intentado abordar este tipo de violencia a través de la legislación, recomendaciones y cambios en la formación médica con capacitación y sensibilización de este fenómeno. Sin embargo, la violencia obstétrica sigue como problema persistente que necesita una intervención más integral, incluida una mayor visibilidad y reconocimiento de las dinámicas de poder y de género, además de que se promueva y prevenga a través de políticas públicas y políticas criminales que integren su tipificación (Serrano, & Champo, 2021.).

En este sentido, analizar la violencia obstétrica es una situación compleja, que no puede observarse de manera aislada en una norma jurídica, ya que está enraizada en normas socio-

---

1 Doctorante en Derecho por el IIJ de la UNACH y Docente de la Facultar de derecho de la UNAM.

2 Miembro del Sistema Nacional de Investigadoras e Investigadores (SNII) Nivel II, Miembro correspondiente de la Academia Mexicana de Ciencias Penales y Miembro del Claustro de Doctores de la Facultad de Derecho de la UNAM.

culturales y se ve exacerbada por la "deshumanización de la medicina", donde los pacientes no son vistos como individuos sino más bien como casos a tratar o incluso como los propios culpables de sus padecimientos.

El problema se agrava con la institucionalización del parto, al pasar a un ambiente hospitalario, donde las barreras de género en el campo médico y la falta de una perspectiva de género, se identifican como factores contribuyentes, como por ejemplo: los insultos, falta de acceso a la atención médica obstétrica, trato despectivo, no dar informar a las pacientes o a sus familiares sobre su situación o incluso, en la omisión de suministrar ciertos medicamentos como la anestesia (CNDH, 2019).

Además, se suma otro factor en la violencia obstétrica, ya que es a menudo invisible debido al tabú que existe en torno al cuerpo femenino, a sus genitales y a su sexualidad, lo que la convierte en una potencial y peligrosa violencia institucional que requiere atención y soluciones específicas, ya que se produce en un contexto de intimidad personal y de gran vulnerabilidad para la mujer, que además de influir en su estado de salud física y psicológica, es un factor importante de riesgo de muerte materna o muerte fetal. Este tabú también refuerza que se desincentive la denuncia y dificulta su prioritaria intervención que puede agravar la violación a otros derechos humanos conexos.

La violencia institucional, se encuentra en los actos u omisiones de las y los servidores públicos de cualquier orden de gobierno, que discriminen o tengan como fin dilatar, obstaculizar o impedir el goce y ejercicio de sus derechos humanos, así como su acceso al disfrute de políticas públicas destinadas a prevenir, atender, investigar, sancionar y erradicar los diferentes tipos de violencia (LGAMVLV, 2023).

Además se suma otro reto, en la necesidad de deshabilitar los estereotipos de género, incluso los plasmados en la norma, y dejar fuera el reproche de castigo por el estigma de ejercer su sexualidad y la libertad de decidir sobre el ejercicio de su sexualidad, su cuerpo, su parto y el número de hijos que quiera tener, con independencia de su circunstancia educativa, social y económica.

La relación dialéctica entre el tabú y la violencia contra la mujer, no resulta ser algo nuevo, existe un contexto histórico de desventaja que presentan las mujeres en la ciencia y en el mundo del saber, ya sea como sujetos de estudio o como creadoras de ciencia. La mujer y su anatomía, era un misterio para los preceptos universales antes de la década de los setenta y por lo mismo, muchos constituían un tabú o partían de la idea de que el cuerpo de la mujer era inacabado o imperfecto.

En consecuencia durante décadas, fue un misterio para la humanidad todo lo relativo al embarazo y el parto, incluso para los médicos y más adelante, para las farmacéuticas, que no tuvieron gran interés en las enfermedades de las mujeres. Por eso, quedó en manos de parteras o también llamadas matronas o comadronas, todo lo relacionado a la vida, el cuerpo y las necesidades específicas de la mujer, quienes fueron perfeccionando su práctica conforme aprendían más de la fisiología femenina de manera empírica (García, 2018).

Fue para el siglo XVI que varios médicos hombres, comienzan a interesarse por la obstetricia y a escribir tratados sobre ésta, en gran medida gracias al movimiento feminista que en específico, se incrementó en los estudios realizados en la segunda mitad de los años setenta en Europa, cuando nuevos grupos de mujeres empezaron a hacerse visibles en la vida social, en espacios académicos y sobre todo universitarios donde adquirían relevancia los estudios de la mujer, y eran integrados sus conceptos en los planes de estudio (García, 2018).

De esta forma, cabe recordar que la perspectiva de género se ha elaborado sobre la base de un proyecto feminista interdisciplinario –no solo político – , donde las categorías de clase, raza y etnia siempre están presentes, pero también premura la necesidad de incorporar con gran fuerza los temas de la discapacidad, la enfermedad y la salud física y mental de las personas.

La interdisciplinaridad en cualquier tema de estudio, integra nuevos aspectos de gran trascendencia social, pero en el estudio de la violencia contra las mujeres, en su cuerpo, su salud sexual y reproductiva (Ortiz, 2006), adquiere terreno el reconocimiento de la autonomía del cuerpo de la mujer, ya que al hacerlo genera en consecuencia, la afirmación de que su cuerpo es un espacio más en donde puede suceder la violencia. Una pieza clave del reconocimiento de la autonomía de la mujer, es aceptar que su cuerpo, es un espacio para ellas mismas (Galego, 2015).

Dentro de este ámbito, los estudios de la historia de la medicina y de la mujer, no son más que una pequeña parte del lento reconocimiento diferenciado en la medicina moderna de las últimas décadas, en donde, los conceptos de sexo y género están relacionados de manera estrecha a la construcción y evolución de la ciencia médica y en la construcción de sus conceptos universales.

Por lo que un aspecto importante en la investigación y la docencia de la historia de la medicina y de la ciencia, es tener presente que los conceptos sexo, cuerpo sexuado o diferencias sexuales, son de carácter natural o biológico, y que con el concepto de género con fuerte carga social corresponden las variables perfectas para relacionarse de forma estrecha, y que pueden y deben modificarse y afectarse entre sí, como se ve en la investigación históricomédica.

Por lo tanto, es una relación dialéctica pero no jerárquica, en la que el sexo, el cuerpo y las diferencias sexuales condicionan o afectan a las relaciones e identidades de género, pero también el sistema de género afecta a la construcción del sexo, la comprensión del cuerpo y la de sus diferencias (García, 2018).

Cuando la ciencia y en específico, las ciencias exactas como la medicina, elaboran sus conceptos, parten de un androcentrismo histórico, en el cual, las formas de ese conocimiento suponen utilizar una perspectiva que parte de la experiencia masculina, en especial de la experiencia social de hombres occidentales, blancos y de clase media, ya que el androcentrismo implica la identificación de lo masculino con lo humano en general, lo universal, lo acabado, lo valioso, la norma (García, 2018).

En consecuencia el cuerpo de la mujer se ha visto ignorado y categorizado como menos perfecto, excepcional, como algo deficitario, donde el útero no era más que una máquina reproductora y la mujer una incubadora, y sus cuerpos se veían como inmaduros, imperfectos y en ocasiones infantiles, lo que justificaría la inferioridad física y social que la precede, de esta forma la ciencia médica está llena de valores sexistas y metáforas que remiten a la discriminación de las mujeres (Eyzaguirre 2016).

Bajo este aspecto, el modelo médico hegemónico, distingue tres modelos de salud: 1) el modelo médico hegemónico: propio de la biomedicina, que es de forma pura solo biológico y no multidimensional; 2) los modelos alternativos subordinados: donde se integran las prácticas que de manera normal se denominan como tradicionales; y 3) los modelos de autoatención médica: donde la propia persona o personas cercanas atienden la salud, sin que intervenga un profesional. En la mayoría de los países occidentales el sector sanitario predominado, es la medicina biomédica, como único modelo médico legal, monopolístico, con mucho poder, medicalizador, universitario, uniforme, burocratizado, poco democrático, e internacional (Eyzaguirre 2016).

En este sentido la falta de perspectiva de género en la ciencia y la medicina biomédica provoca diversos sesgos, errores y demoras en el diagnóstico y en la estrategia terapéutica, así como la invisibilización de algunas enfermedades que afectan de manera exclusiva o en su mayoría a las mujeres (García, 2018).

Existen sesgos implícitos y explícitos, que se encuentran entre los factores que contribuyen a las disparidades en la salud y la atención sanitaria. Los sesgos explícitos, son las actitudes y suposiciones que reconocemos como parte de nuestros sistemas de creencias personales, que pueden evaluarse de forma directa mediante el autoinforme, como actitudes explícitas, sexistas y homofóbicas que suelen sustentar las acciones discriminatorias (Sabin, 2022).

En cuanto a los sesgos implícitos, son actitudes y creencias sobre raza, etnia, edad, capacidad o género que operan fuera de nuestra conciencia y que sólo pueden medirse de forma indirecta, estos sesgos influyen en el juicio y pueden, contribuir a un comportamiento discriminatorio. En consecuencia una persona puede tener creencias igualitarias explícitas y al mismo tiempo albergar actitudes y estereotipos implícitos que contradicen sus creencias conscientes (Sabin, 2022).

De esta forma, partir de la presunción de igualdad entre mujeres y hombres en el curso de las enfermedades, cuando la expresión de las mismas en los signos y síntomas, o la respuesta a los tratamientos y los pronósticos, son diferentes en cada uno. Además la opacidad del estudio de la mujer, refuerza los estereotipos de género, y en consecuencia estigmatiza u oscurece en tabú su cuerpo y su sexualidad (Pons, 2023).

Pero el androcentrismo y la hegemonía, no solo afecta al método científico y su aplicación, porque ha estado tan arraigada y normalizada que se ha hecho presente en todas y cada una de las ramas de la ciencia. En este sentido, la integración de la categoría de género, constituye una clave teórica que permitió la explosión de los estudios sobre las mujeres a partir de los años ochenta.

Aunque sobre esta misma línea temporal, el concepto de sesgo de género en la atención sanitaria surgió hasta 1991, en un artículo publicado en The New England of Medicine, en una investigación, en el cual se detectó una diferencia significativa en donde, según el sexo en la realización de angiografías coronarias en pacientes de hospitales de Harvard y New Haven por enfermedad coronaria; incluso con igualdad de edad, comorbilidad y gravedad, los resultados demostraron que se hacía mayor esfuerzo diagnóstico y terapéutico en los hombres que en las mujeres. Lo cual evidencia, que en efecto existía una omisión de trabajo e importancia en los asuntos relacionados a la mujer y su salud física (Pons, 2023).

Bajo esta tesitura, durante décadas ha existido un sesgo de género en la investigación médica, donde las mujeres no estaban incluidas en ensayos clínicos y esto generaba un total desconocimiento del estudio de las enfermedades en las mujeres. La ratio en 2023 en Estados Unidos, es que de cuatro hombres estudiados, se estudia una mujer. Este sesgo es ejemplo que se da, para poder detectar si en realidad un fármaco es eficaz y seguro en las mujeres y si existen diferencias significativas en cómo las afecta respecto de los hombres, al cual debería incluirse una muestra representativa de mujeres, lo que provoca que, aunque se incluyan mujeres en los ensayos, no se segreguen los resultados por sexo (Pons, 2023).

Pero uno de los principales retos al analizar cualquier cuestión médica, es partir de la premisa de que es una ciencia neutral, objetiva y libre de prejuicios; pero por el contrario, debe ser diferenciada, ya que la medicina está atravesada por cuestiones de género, de prejuicios, y de androcentrismo. La ciencia médica ha sido construida durante siglos por hombres de occidente, donde la medicina hegemónica excluye de forma sistemática a los sectores vulnerables, como las mujeres (Garcia, 2018).

Aunque en las últimas décadas, cada vez vemos que se realizan investigaciones más innovadoras sobre los impactos y resultados diferenciados entre hombres y mujeres y qué estrategias son útiles para interrumpir los efectos del sesgo implícito en la atención de salud, pero aún queda un largo camino por recorrer. Ruiz Cantero, quien coordinó la monografía de Perspectiva de Género en la Medicina, publicada por la Fundación Dr. Antoni Esteve, confirma que estos sesgos también ocurren con frecuencia en los estudios realizados con animales, donde más de dos tercios de los animales investigados suelen ser machos (Garcia, 2018).

En consecuencia, la omisión de los estudios realizados en las mujeres, en sus cuerpos, sus enfermedades y posibles tratamientos, tiene efectos graves, ya que no hay conciencia de que las mujeres tienen procesos biológicos naturales y también padecen enfermedades mortales, un caso particular se dio en los estudios del corazón, cuando, de hecho, la enfermedad cardiovascular es la primera causa de muerte en las mujeres en la mayor parte de los países occidentales.

Pero a esta circunstancia, se le suma, estigma sociológico en el cual las mujeres, tardan más en ir un hospital, por prejuicios y estereotipos asignados a su género como: no llores (porque las mujeres son sensibles y lloronas), o con él ya se te pasará, o seguro estás en tus días, entre otros comentarios, para minimizar sus síntomas. A veces, ellas mismas piensan que tienen muchas cosas que hacer, como preparar la comida, atender a los niños o la casa, antes que atenderse a sí mismas por la presión social que hay asignada en las tareas de las mujeres en la vida y en el hogar (San Narciso 2023).

Elena Carreras, jefa de Obstetricia y Ginecología del Hospital Vall d'Hebron, explica que, en general, las mujeres tienen el carácter de cuidadoras principales, que hace que primero procuren el entorno, a sus hijos o a familiares enfermos y a las personas que tienen a su cargo y después, se cuiden a sí mismas. Además algo relevante en los estudios de la medicina y el género es, que los daños y sufrimientos de las mujeres se asocian al estrés o la ansiedad, porque se tiene la concepción de que las mujeres tienen más problemas de salud mental o emocional, que problemas de salud verdaderos, como si sus padecimientos no fueran algo real (Pons 2018).

La evidencia científica muestra que las mujeres tienen más probabilidades de salir de una primera consulta con un diagnóstico de trastorno mental, y los hombres se piensa más en otra causa y se piden pruebas complementarias, este sesgo de género se traduce en una sobremedicación de las mujeres y sobre todo el trato de inestables mentales u hormonales, porque la mirada antropocéntrica en la medicina, invisibiliza muchas enfermedades detrás de un diagnóstico de síntomas psicosomáticos o de patología mental (Pons, 2018).

También ha existido la responsabilidad de las farmacéuticas al omitir que la medicina, es cuestión de género y que deben medirse y atenderse de manera diferenciada. La evidencia científica, ha demostrado que existen diferencias de género cruciales entre hombres y mujeres en cuanto a la salud, y que es necesario hacer dichos estudios al tomar en cuenta esa variable para garantizar la prevención, la mayor precisión en el diagnóstico y la igualdad de derechos de las mujeres a ser atendidas y tratadas de forma eficaz (Diario farma, 2022).

En este contexto estudiar a la mujer, dentro del ámbito de la medicina, no solo debe verse como paciente médico, sino como contribuyente, ya que ha ejercido diversas funciones a lo largo de la historia, el más importante ha sido el de cuidadora principal de los hijos o los enfermos, también como asistente, o incluso enfermera que apoya al médico. Por eso, resulta interesante el origen de la labor de asistencia médica en el cual, a la fecha, constituye una piedra angular para los hospitales y la medicina, la función de la mujer cuidadora de enfermos (Fernandez, 2016).

Los sesgos y estereotipos a la mujer, la invisibilizan, niegan y adjudican el papel tradicional de ser la encargada del cuidado de la familia tanto a nivel físico como espiritual o psíquico. Pero el papel de la mujer cuidadora o sanadora se observa desde la antigüedad, y de manera general puede clasificarse en tres figuras femeninas que se dedicaron al oficio médico:

1) Nutrix: nodriza u ornatrix: que era como una auxiliar de enfermería; 2) obstetrix: el oficio femenino de matrona, partera o comadrona, que asistía en los partos y; 3) médica: con conocimientos científicos, capacitada para diagnosticar y prescribir tratamientos, esta última fue atestiguada en el código de Justiniano, con una formación académica como la de los hombres, aunque no redactaron obras médicas y solo tratan las enfermedades de las mujeres (Fernández, 2016).

En consecuencia la medicina no ha sido neutral, ni diferenciada, ha sido hegemónica y masculinizada, lo cual crea sesgos en el derecho a la salud y la atención médica en las mujeres, en comparación de como la hecho con los hombres, de esta forma adquiere relevancia analizar la figura de la mujer partera que por muchos años manejó el conocimiento del cuerpo de la mujer y qué en la actualidad forma pieza clave para la prevención de la violencia obstétrica y la humanización del parto.

Una vez recorrido los principales retos de la violencia obstétrica desde un contexto histórico, médico y social, es importante mencionar que en México, hablar de violencia contra la mujer es hablar de violencia de género, al abordar una problemática estructural que va más allá del ámbito privado o espacio doméstico entre las relaciones de pareja.

Uno de los aportes más importantes de la Comisión de Estudios de Violencia, consistió en señalar la pluralidad de las violencias, es decir, el hecho de que ya no hay "violencia", sino "violencias"; que al lado de la violencia política hay una violencia socioeconómica, una violencia sociocultural por la defensa del orden moral o social o por el derecho a la diferencia (Blair, 2009).

En consecuencia una confusión terminológica que sucede en paises de iberoamérica es considerar las expresiones "violencia de género" y "violencia doméstica" como sinónimas, aquí es pertinente entender que el hogar es uno más de los escenarios comunes de la violencia de género, pero no el contexto en el que ocurre, sino con el tipo de víctima contra la que se dirige y sus causas basadas en prejuicios o estereotipos de género, así como en las ideas o tabús. La violencia de género, es la que se comete contra alguien porque se considera que se ha separado de su papel asignado de género, es decir, que no cumple la función que social y tradicional le corresponde.

Bajo este contexto la violencia de género más frecuente es hacia la femenina, lo que ha llevado a ceñir el significado de la expresión de violencia contra la mujer hasta casi hacerla sinónima de violencia de género —femenino—, así se entiende que la violencia de género es cualquier acción u omisión intencional que pueda causar algún daño o que dañe a una mujer que se le considera que no cumple de modo correcto o apropiado el rol o la función que de forma tradicional debería o le corresponde, por lo que se debería entender, al menos en la teoría, que la violencia de género habría en la actualidad la masculina y femenina desde un sentido binario.

De aquí, que la importancia de las aportaciones que realiza sobre el analisis de la violencia efocada a grupos particulares (Sanmartín, 2007) de las cuales, retoma México en 2009 la Ley General de Acceso de las Mujeres a una Vida Libre de Violencia, en cuanto a la clasificación de la violencia, según el tipo o clase de víctima es lo que encontramos como violencia de género.

Es gracias al reconocimiento amplio de la violencia de género en contra de la mujer y su relación estrecha con otras violencias, del cual surge y sustenta en la actualidad un marco normativo internacional y nacional. En este sentido, el análisis de un marco jurídico internacional, debe valorarse al abordar cualquier tema sobre los derechos humanos de las mujeres y con mayor fuerza, cuando los estudios diferenciados radican en garantizar el respeto a los derechos humanos de las mujeres que deben ajustarse a los estándares internacionales, que se sujeta al Sistema Interamericano de Derechos Humanos.

En México, toda norma nacional debe observarse y aplicarse a la luz de los tratados internacionales para proteger los derechos humanos de las mujeres, en especial durante el embarazo, parto y puerperio, con la reforma de 2011 al artículo 1 de la Constitución Mexicana, que obliga a todas las autoridades a promover y proteger los derechos humanos de todas las personas. (CPEUM, 2023).

Los avances internacionales en la protección de los derechos de la mujer han evolucionado de manera constante aunque no con la misma rapidez para todos los derechos, desde las Cuatro Conferencias Mundiales sobre la Mujer hasta la Convención sobre la Eliminación de todas las Formas de Discriminación Contra la Mujer (CEDAW, 1979) y la Convención Interamericana para Prevenir, Sancionar y Erradicar la Violencia contra la Mujer (Convención de Belém Do Pará, 1994) y La Conferencia Internacional sobre Población y Desarrollo (El Cairo, 1994), han marcado un gran salto, enfocado en áreas como igualdad de género, acceso a recursos, y participación en decisiones políticas y sociales.

Pero sobre todo, en la no discriminación ni violencia contra las mujeres en cualquier aspecto de su vida, incluyendo todos aquellos actos que prohíben la violación a sus derechos reproductivos y sexuales, como el derecho al aborto, a la no esterilización forzada o la ablación femenina, constituyéndose además en ciertos países, como delitos que deben investigarse y sancionarse.

Entre ellas se encuentran diversas sentencias emitidas por la Corte Interamericana de Derechos Humanos, como la Sentencia de Campo Algodonero vs. México en 2009, que refiere que la violencia contra la mujer se da por razón de género y la Sentencia de Britez Arece vs Argentina 2023, que expone la muerte materna por violencia obstétrica.

Sin embargo, a pesar de los compromisos internacionales, el avance hacia la igualdad de género y no violencia no ha sido del todo exitoso, ya que muchas de las violencias aún presentes, son una manifestación de la desigualdad estructural de género en muchos países y que requiere de políticas públicas específicas con enfoque de género para su prevención, sanción y reparación, como es el caso de la tipificación de la violencia obstétrica, como un delito autónomo en los Códigos Penales, como por ejemplo el del Estado de Chiapas, en México.

No solo la Organización de las Naciones Unidas y la Organización de los Estados Americanos, han creado instrumentos para abordar la violencia contra la mujer de manera más específica, aún hay brechas significativas, en especial en el ámbito de la violencia obstétrica, en torno a los derechos de acceso a la salud y atención a servicios especializados. Al respecto, la Corte Interamericana a través de una sentecia emite la siguiente definición:

La violencia obstétrica es una forma de violencia basada en el género, ejercida por los encargados de la atención en salud sobre las personas gestantes, durante el acceso a los servicios de salud que tienen lugar en el embarazo, parto y posparto y que se expresa en su mayoría, aunque no de forma exclusiva, en un trato deshumanizado, irrespetuoso, abusivo o negligente hacia las mujeres embarazadas; en la denegación de tratamiento e información completa sobre el estado de salud y los tratamientos aplicables; en intervenciones médicas forzadas o coaccionadas, y en la tendencia a patologizar los procesos reproductivos naturales, entre otras manifestaciones amenazantes en el contexto de la atención de la salud durante el embarazo, parto y posparto. (CIDH, Sentencia Arce vs. Argentina 2023).

Lo anterior, permite abrir un debate y análisis profundo sobre la justicia de género, al resaltar la necesidad de entender y aplicar una perspectiva de género en la toma de decisiones judiciales al investigar los servicios y prácticas médicas en la atención del parto; ya que una sentencia de la Corte que integre dicho concepto, puede tener un impacto significativo en un Estado miembro en varios niveles, incluidas la necesidad de modificar leyes existentes, crear nuevas legislaciones o implementar políticas públicas específicas.

El Estado Mexicano ha reconocido la importancia de erradicar la violencia de género y ha integrado la perspectiva de género en sus políticas públicas. Se destacan cinco fases en el desarrollo de estas políticas: identificación del problema, formulación de soluciones, toma de decisión, implementación y evaluación. La participación ciudadana, en especial de mujeres que han experimentado violencia obstétrica, es esencial para la eficacia de estas políticas (Champo, 2020).

Deben tomarse medidas administrativas y de política pública que refuercen el marco normativo y de derechos humanos para la atención obstétrica, pero en ocasiones, se ven cambios sustanciales cuando se integra un tipo penal, de forma que se sancionen conductas que son responsabilidad directa del personal de salud, como la esterilización forzada, que solo se sanciona en Códigos Penales de 15 entidades del país.

Existen diferentes programas gubernamentales como el Plan Nacional de Desarrollo y el Programa de Apoyo a las Instancias de Mujeres en las Entidades Federativas, cuyos objetivos incluyen la atención integral a las mujeres y la coordinación entre diversas dependencias gubernamentales. También se refiere al Programa de Acción Específico de Salud Materna y

Perinatal, que busca capacitar al personal de salud para ofrecer una atención materna y perinatal respetuosa de los derechos humanos. (Secretaría de Salud, 2019).

En este sentido, la idea de una discriminación positiva como una forma de abordar desigualdades estructurales en grupos vulnerables, como en el ámbito legislativo, la Ley General de Acceso de las Mujeres a una Vida libre de Violencia y su incorporación en diferentes entidades federativas, aunque no todas reconocen la violencia obstétrica en específico (LGAMVLV, 2023).

En cuanto a la prevención del delito y la política criminal, el Estado debe enfocarse tanto en la prevención general dirigida a la sociedad como en la prevención especial enfocada en el delincuente, con el objetivo de evitar la posible reincidencia. Es crucial desmantelar los estereotipos de género y tratar el embarazo y el parto como procesos naturales, no como enfermedades, para erradicar la violencia obstétrica.

En la agenda política y social de México, existe el constante debate en tipificar la violencia obstétrica en los códigos penales, tanto a nivel federal como estatal. Esta conversación surge en el contexto de iniciativas previas que han buscado abordar formas de violencia contra las mujeres, como la tipificación del delito de feminicidio en 2012.

Desde 2014, con la publicación en el Diario Oficial de la Federación del Programa Integral para Prevenir, Atender, Sancionar y Erradicar la Violencia contra las Mujeres 2014-2018, se ha planteado la necesidad de hacer lo mismo para la violencia obstétrica. Sin embargo, hay un debate en curso sobre si este delito debe considerarse autónomo o si debe integrarse en las leyes existentes que ya abordan diferentes tipos de violencia de género (Diario Oficial de la Federación, 2018).

Uno de los actores clave en esta discusión es el Grupo de Información en Reproducción Elegida, que defiende una postura en general contraria a la tipificación penal de la violencia obstétrica. Argumentan que criminalizar este tipo de violencia podría desincentivar al personal de salud de actuar de forma apropiada. Además, señalan que el enfoque penal no soluciona los problemas estructurales subyacentes que incluyen una falta de perspectiva de género en la formación médica y en las políticas de atención en salud. Proponen más bien abordar el problema a través de medidas administrativas y políticas públicas que refuercen el marco normativo y de derechos humanos para la atención obstétrica.

A pesar de esta postura, hay estados como Chiapas donde la violencia obstétrica ya ha sido tipificada como un delito autónomo, y existen iniciativas a nivel federal para hacerlo también. En el caso particular de Chiapas, la tipificación de la violencia obstétrica se incluyó como parte de una serie de medidas para garantizar el acceso de las mujeres a una vida libre de violencia. Otro tema importante en Chiapas, es la necesidad de incluir una perspectiva de género y cultural en los servicios de salud. Esto es relevante para abordar la medicalización del parto, donde, en lugar de respetar el proceso biológico natural, hay prácticas que favorecen la cesárea sin razones médicas justificadas. (Rueda, 2018).

En la actualidad son 21 Leyes de Acceso locales, las que integran la violencia obstétrica, la mayoría como un tipo de violencia contra la mujer y se espera que para los próximos años, pueda haber una integración homogénea en las Leyes de Acceso de las Entidades federativas y de la Ley General de Acceso de las Mujeres a una Vida Libre de Violencia, en la cual, en noviembre del 2019, la Cámara de Diputados aprobó reformas para incorporar el término "violencia obstétrica" en el capítulo donde se definen los tipos y modalidades en que se presenta en contra de la mujer, pero la inclusión en una Ley General es necesaria, ya que de lo contrario se deja desprotegidas y en desventaja a las mujeres víctimas de violencia obstétrica que no habitan en alguna de las Entidades que su legislación local la contempla (GIRE, 2015).

Cabe aclarar que el caso específico del Estado de Chiapas, las prácticas de la medicina tradicional indígena se regulan mediante un marco normativo nacional establecido por la Constitución Política de los Estados Unidos Mexicanos, el art. 1, que prohíbe toda discriminación motivada por origen, el art. 2 amplía el aprovechamiento de la medicina tradicional para abastecer los servicios de salud, en igualdad de oportunidades con los indígenas, el art. 4, señala que toda persona tiene derecho a la protección de la salud y el art. 5, que determina que a ninguna persona podrá impedirse que se dedique a la profesión, industria, comercio o trabajo que le acomode, siempre que sean lícitos, lo anterior para incluir a las parteras (Sesia, 2021).

Incluso la Constitución política del Estado de Chiapas, en el Cap. IV y el art. 7, reconoce que Chiapas, tiene una población pluricultural sustentada originalmente en sus pueblos indígenas, además el Estado protegerá y promoverá el desarrollo de la cultura, lenguas, usos, costumbres, tradiciones, sistemas normativos y formas de organización social, política y económica de las comunidades indígenas. Así como, garantizar a las poblaciones indígenas, una vida libre de violencia, a los servicios de salud y a una educación bilingüe que preserve y enriquezca su cultura, con perspectiva de género, equidad y no discriminación y fomentará los derechos de los indígenas a decidir de manera libre, responsable e informada sobre el número y espaciamiento de sus hijos, así como los derechos de las mujeres, niñas y niños (CPECH, 2024).

La Ley General de Salud del Estado de Chiapas en su cap. V y art.46, (LGS, 2022) determina que el ejecutivo estatal, por medio de la Secretaría de Salud, promoverá la participación de las personas que practiquen la medicina tradicional o actividades relacionadas, en los programas de salud en el Estado.

Sobre la medicina tradicional y práctica en el art. 7 determina que la Secretaría en coordinación con todos los miembros del sistema estatal para la salud, otorgarán las facilidades necesarias para la asistencia y colaboración con médicos indígenas tradicionales y prácticos. Una de las formas en que se expresa la medicina tradicional indígena, es con la partería tradicional (Sesia, 2021).

El uso y ejercicio de la partería tradicional, es vital para prevenir la violencia obstétrica, su práctica es cotidiana en las comunidades indígenas de Chiapas, pero el reconocimiento por parte de las autoridades e instituciones de salud, e incluso del propio Estado sigue sesgado. Hay una gran cantidad de hechos documentados, que recogen experiencias de maltrato, prohibición, humillación, subordinación y violación de los derechos de las parteras como prácticas sistemáticas en la relación con los servicios de salud (Sesia, 2021).

La defensa y libertad de las parteras, implica eliminar la subordinación y comprometer al personal de salud y al Estado con acciones como capacitación y sensibilización, orientado a romper el círculo vicioso de la discriminación, el clasismo, el racismo, el sexismo y la violencia obstétrica que se reproduce desde la formación y el ejercicio de la medicina y la obstetricia hegemónica en nuestro país, que genera, refuerza y sistematiza la violencia contra la mujeres dentro de las instituciones de salud por razón de género.

La partera tradicional experimentada y reconocida en la comunidad, al compartir la misma cultura, responde al orden simbólico y a las normas de la organización social comunitaria; conoce también las condiciones de vida y las contradicciones de su entorno social; su condición de mujer indígena y la ubica en un lugar privilegiado para promover una visión amplia e integral de la salud de la mujer (Freyermuth, 2020).

Cabe mencionar que las mujeres indígenas enfrentan altos niveles de violencia y acoso debido al racismo, el patriarcado y la doble discriminación por su condición, por eso hablar de la violencia obstétrica adquiere fuerza porque se conjuga con otras violencias que en específico gestan la base sólida de las violencias, entre ellas se encuentran la violencia de género, la violencia estructural, la violencia simbólica y la violencia institucional.

Bajo esta dimensión, el Código Penal del Estado de Chiapas sí tipifica la violencia obstétrica como un delito autónomo en el Capítulo VII Ter, desde diciembre de 2014, en donde puntualiza casi todos los aspectos importantes sobre lo que corresponde a la violencia obstétrica, que se observa a continuación.

Artículo 183 Ter.- Comete el delito de violencia obstétrica el que se apropie del cuerpo y procesos reproductivos de una mujer, expresado en un trato deshumanizador, abuso en el suministro de medicación o patologización de los procesos naturales, generando como consecuencia la pérdida de autonomía y capacidad de decidir libremente sobre su cuerpo y sexualidad.

Con independencia de las lesiones causadas, al responsable del delito de violencia obstétrica, se le impondrá la sanción de uno a tres años de prisión y hasta doscientos días de multa, así como suspensión de la profesión, cargo u oficio, por un término igual al de la pena privativa de libertad impuesta, y el pago de la reparación integral del daño.

Artículo 183 Quáter.- Se equipará a la violencia obstétrica y se sancionará con las mismas penas a quien: I. Omita la atención oportuna y eficaz de las emergencias obstétricas. II. Obstaculice el apego precoz del niño o niña con su madre sin causa médica justificada, negándole la posibilidad de cargarlo y amamantarlo inmediatamente después de nacer. III. Altere el proceso natural del parto de bajo riesgo, mediante el uso de técnicas de aceleración, sin obtener el consentimiento voluntario, expreso e informado de la mujer. IV. Practique una cesárea, existiendo condiciones para el parto natural". (Código Penal del Estado de Chiapas, 2023, art. 183. ter).

En este sentido, si se analiza el texto antes citado, se observa que la violencia obstétrica únicamente puede dirigirse en contra de las mujeres embarazadas, en labor de parto o durante su puerperio o post parto; colocándolas como sujetos pasivos o víctimas específicas de un tipo específico de violencia de género, que al reunir dichas calidades y cualidades, por el hecho de ser una mujer que es madre o se convertirá en madre, las coloca en un estado vulnerable de salud, de jerarquía y subordinación por requerir ciertos servicios específicos de atención médica-hospitalaria, cuidados y medidas sanitarias, que en ocasiones pueden presentarse en situación de emergencia o de alto riesgo en el embarazo y el parto.

Esta violencia puede expresarse en la falta de acceso a servicios de salud reproductiva, en tratos crueles, inhumano, degradante, o en un abuso de medicalización, menoscabando la capacidad de decidir de manera libre e informada sobre dichos procesos reproductivos, así como mantenerlas informadas del estado de su salud (GIRE, 2015).

De dicha definición, se rescata la unión de los elementos básicos de la violencia obstétrica, en primer lugar, la gravidez de la mujer y el puerperio como estado de vulnerabilidad respecto de su género, en segundo, el personal de salud en su acción y omisión en la atención y trato en el servicio y; en tercer lugar, la "apropiación" de su cuerpo, que coarta su libertad, pierde autonomías y menoscaba su dignidad, pone en riesgo su vida y genera consecuencias físicas, psicológicas, económicas y médicas, también adiciona un elemento importante, sobre la medicalización del parto, ya que dentro de los estándares nacionales e internacionales debe privilegiarse el proceso biológico natural. No por economizar tiempos debe inducir una cesárea, o por cubrir horas de quirófano deben realizarse cirugías innecesarias o por cambios de guardia o vacaciones del personal.

CONCLUSIONES Y PROPUESTAS A PAISES IBEROAMERICANOS

En México, la prevención y sanción de la violencia obstétrica está en una etapa inicial pero en constante evolución, aunque todavía no esta a la par de los estándares internacionales, ya que el marco legal desde la reforma de 2011 en la Constitución Mexicana establece la obligación del Estado de respetar y proteger los derechos humanos con perspectiva de género, incluidos los de las mujeres en situaciones de embarazo, parto y puerperio.

Existen desafíos actuales, ya que a pesar de los esfuerzos globales, el avance hacia la igualdad de género ha sido lento, la violencia obstétrica sigue como una deuda pendiente, ya que las mujeres enfrentan violencia institucional en hospitales durante la maternidad, lo cual requiere atención inmediata del Estado.

Como parte de las políticas públicas que deben integrarse en el país, con perspectiva de género y perspectiva de salud integral y atención médica humanizada. Donde la salud de las mujeres no solo se trata de la ausencia de enfermedad, sino también del bienestar en un contexto social, político y económico (INMUJERES, 2009).

El Estado tiene la obligación de crear políticas públicas para la prevención, investigación, sanción y reparación de la violencia obstétrica, al asumir compromisos internacionales para erradicarla y adoptar una perspectiva de género en sus estrategias (Rangel, 2016).

Desde ese enfoque se reconoce la violencia obstétrica como un problema grave a nivel social, cultural y de salud, y apunta a utilizar un enfoque basado en la investigación para abordarlo de manera eficiente, ya que uno de sus principales objetivos es prevenir la muerte materna, fetal o natal (Serrano , 2021).

La violencia obstétrica, es un problema mundial y es que las formas de manifestación, pueden darse de manera reiterada, conjunta y sistemática en cualquier nivel social, lo que aumenta la vulnerabilidad, cuando son mujeres indígenas y/o pobres o en países en vías de desarrollo. Por los que se propone:

1) Promover la tipificación del delito de violencia obstétrica de manera homologada en los paises iberoamericanos tomando como base el Código Penal del Estado de Chiapas.

2) Promover políticas institucionales para erradicar la violencia de género que ocurre en los servicios de salud, incluyendo la violencia obstétrica.

REFERENCIAS

Asamblea General de las Naciones Unidas. (1993). *Declaración sobre la eliminación de la violencia contra la mujer, 85ª sesión plenaria del 20 de diciembre de 1993, artículo 1º.* Recuperado de http://www2.ohchr.org/spanish/law/mujer_violencia.htm. (Consultado en mayo de 2024).

Asamblea General de las Naciones Unidas. (1994). *Programa de Acción. Aprobado en la Conferencia Internacional sobre la Población y el Desarrollo, El Cairo.* Recuperado de https://www.un.org/en/development/desa/population/publications/ICPD_programme_of_action_es.pdf. (Consultado en mayo de 2024).

Asamblea General de las Naciones Unidas. (2000). *Las Cuatro Conferencias Mundiales sobre la Mujer, 1975 a 1995: una perspectiva histórica.* En *La mujer en el año 2000: igualdad entre los géneros, desarrollo y paz en el siglo XXI, Período extraordinario de sesiones de la Asamblea General de las Naciones Unidas para examinar la Plataforma de Acción de Beijing.* Nueva York. Recuperado de http://www.un.org/spanish/conferences/Beijing/Mujer2011.htm. (Consultado en mayo de 2024).

Blair Trujillo, E. (2009). Aproximación teórica al concepto de violencia: avatares de una definición. *Política y Cultura,* (32), otoño.

Champo, N. M., & Jiménez, O. D. (2020). *Tópicos sobre los Sistemas Nacional y Estatal anticorrupción: una visión chiapaneca.* Ciudad de México: Ubijus.

Código Penal para el Estado de Chiapas. (Última reforma en 2023).

Comisión de Derechos Humanos de la Ciudad de México. (2019). *Violaciones al derecho humano de las mujeres a una vida libre de violencia obstétrica. Tratos inhumanos en contra de una víctima y sobreviviente de violencia obstétrica y de sus familias, Recomendación 05/2019.* Recuperado de https://cdhcm.org.mx/wp-content/uploads/2019/07/Reco_052019.pdf. (Consultado en mayo de 2024).

Constitución Política de los Estados Unidos Mexicanos, (Última reforma en 2023), México.

Constitución Política del Estado de Chiapas, (Última reforma en 2024), México.

Corte Interamericana de Derechos Humanos. (2009). *Caso González y otras ("Campo Algodonero") vs. México.* Sentencia de 16 de noviembre de 2009 (Serie C No. 205).

Corte Interamericana de Derechos Humanos. (2022). *Caso Britez Arce vs. Argentina. Sentencia de 16 de noviembre de 2022 (Serie C No. 4).*

Corte Interamericana de Derechos Humanos. (2023). *Sentencia Arce vs. Argentina/1991.* Costa Rica. Recuperado de https://www.corteidh.or.cr/docs/casos/articulos/seriec_474_esp.pdf. (Consultado en mayo de 2024).

Diario Farma. (2022). Los medicamentos; cuestión de género. Con motivo del día de la Salud de las Mujeres, la industria farmacéutica pone de relevancia el desarrollo de medicamentos para patologías específicas del sexo femenino, entre las que destacan 200 tipos de cáncer, 130 trastornos neurológicos y 90 enfermedades autoinmunes. *Ikaroa News and Consulting.* Recuperado de https://diariofarma.com/2022/05/27/los-medicamentos-cuestion-de-genero. (Consultado en mayo de 2024).

Diario Oficial de la Federación. (2023). *Programa Integral para Prevenir, Atender, Sancionar y Erradicar la Violencia contra las Mujeres 2014-2018.* Mayo de 2023.

Eyzaguirre Beltroy, C. F. (2016). *El proceso de incorporación de la medicina tradicional y alternativa y complementaria en las políticas oficiales de salud.* Lima, Perú: Universidad Nacional Mayor de San Marcos. Recuperado de https://docs.bvsalud.org/biblioref/2018/03/880047/el-proceso-de-incorporacion-de-la-medicina-tradicional-y-altern_CDkDGRx.pdf. (Consultado en mayo de 2024).

Fernández Tinajero, M. C. (2016). El origen de la mujer cuidadora: apuntes para el análisis hermenéutico de los primeros testimonios. *Index Enfermería, Miscelánea monográfico-hermenéutica y enfermería,*

1-2. Recuperado de https://scielo.isciii.es/scielo.php?pid=S1132-12962016000100021&script=sci_abstract. (Consultado en mayo de 2024).

Galego Carrillo, V. (2015). *Autonomía personal y afrontamiento en mujeres en situación de maltrato* (Tesis doctoral). Ministerio de Sanidad, Servicios Sociales e Igualdad, Centro de Publicaciones. Recuperado de https://violenciagenero.igualdad.gob.es/violenciaEnCifras/estudios/Tesis/pdfs/Tesis2_Autonomia_Personal.pdf. (Consultado en mayo de 2024).

García, E. M. (2018). *La violencia obstétrica como violencia de género. Estudio etnográfico de la violencia asistencial en el embarazo y el parto en España y de la percepción de usuarias y profesionales.* Madrid: Universidad Autónoma de Madrid.

GIRE. (2015). *3 Violencia Obstétrica Marco Normativo.* Recuperado de http://informe2015.gire.org.mx/#/marco-normativo-violencia-obstetrica. (Consultado en mayo de 2024).

Instituto Nacional de las Mujeres. (2009). *Protocolo digital.* Recuperado de http://www.inm.gob.mx/static/Autorizacion_Protocolos/SSA/Violencia_familiar_sexual_y_contra_las_mujeres_criterios_par.pdf. (Consultado en mayo de 2024).

Ley de Acceso a las Mujeres a una Vida Libre de Violencia del Distrito Federal, (Última reforma en 2023), México.

Ley General de Salud. (Última reforma en 2022). México.

Ortiz Gómez, T. (2006). *Medicina, historia y género. 130 años de investigación feminista.* Oviedo: KRK Ediciones. (Colección Alternativa 23).

Pons, E. (2023). Medicina androcéntrica: así afecta el sesgo de género a la salud de las mujeres. *Catalunya-Plural. Diario de derechos y pensamiento crítico.* Recuperado de https://catalunyaplural.cat/es/medicina-androcentrica-asi-afecta-el-sesgo-de-genero-a-la-salud-de-las-mujeres/. (Consultado en mayo de 2024).

Rangel, X. G. (2016). *Política criminal en materia de prevención del delito de Vicente Fox a Felipe Calderón: retos y perspectivas.* México.

Rueda Castro, L., et al. (2018). Humanización. Humanizar la medicina: un desafío conceptual y actitudinal. *Revista Iberoamericana de Bioética,* (8). Recuperado de https://revistas.comillas.edu/index.php/bioetica-revista-iberoamericana/article/view/8912/8936. (Consultado en mayo de 2024).

Sabin, J. A. (2022). Perspective. Tackling implicit bias in health care. *NEJM Group.* Recuperado de https://www.nejm.org/doi/full/10.1056/NEJMp2201180?logout=true. (Consultado en mayo de 2024).

San Narciso, M. G. (2023). ¿Por qué las mujeres siguen asumiendo "una cantidad desproporcionada" de tareas domésticas? *El Periódico de España.* Recuperado de https://www.epe.es/es/igualdad/20230527/diferencias-hombres-mujeres-tareas-domesticas-81107522. (Consultado en mayo de 2024).

Sanmartín Espulgues, J. (2007). ¿Qué es la violencia? Una aproximación al concepto y a la clasificación de la violencia. *Daimon Revista de Filosofía,* (42). Madrid, España.

Secretaría de Salud. (s.a.). *Guía para la autorización de las parteras tradicionales como personal de salud no profesional.* Gobierno de la Ciudad de México. Recuperado de https://www.gob.mx/cms/uploads/attachment/file/38480/GuiaAutorizacionParteras.pdf. (Consultado en mayo de 2024).

Serrano, L. I., & Champo, N. M. (2021). La violencia obstétrica en el derecho comparado mexicano. En O. Jiménez (Coord.), *Perspectivas actuales de derecho comparado* (pp. [páginas]). Ciudad de México: Tirant Lo Blanch.

Sesia, P. M., & Berrio Palacio, L. R. (2021). *Situación actual de la partería indígena en México. Informe final.* Chiapas-Guerrero-Oaxaca. Oaxaca de Juárez: CONACYT.